MAIGRIR
ET MAINTENIR
SON POIDS SANTÉ

MAIGRIR
ET MAINTENIR
SON POIDS SANTÉ

Ian Marber

diplômé de l'Institut *Optimum Nutrition* de Londres

97-B, Montée des Bouleaux, Saint-Constant, Qc, Canada J5A 1A9,
Tél.: (450) 638-3338 Téléc.: (450) 638-4338
Internet: http://www.broquet.qc.ca
Courriel: info@broquet.qc.ca

UN LIVRE DE DORLING KINDRSLEY
WWW.DK.COM

À ma mère formidable,
remerciements, gratitude et amour

Je tiens à remercier tout spécialement Rowena Paxton pour ses
recettes véritablement délicieuses, ainsi que George, Alistair et
Henrietta Paxton pour avoir volontairement servi de cobayes.

**Catalogage avant publication de Bibliothèque
et Archives Canada**

Marber, Ian

   Maigrir et maintenir son poids santé

   Traduction de: The food doctor everyday diet.
Comprend un index.

   ISBN 978-2-89000-804-5

   1. Régimes amaigrissants. 2. Régimes amaigrissants -
Recettes. I. Titre.

RM222.2.M3714 2007   613.2'5   C2006-941469-6

Pour l'aide à la réalisation de son programme éditorial, l'éditeur
remercie : le gouvernement du canada par l'entremise du
Programme d'Aide au développement de l'industrie de l'édition
(PAidÉ) ; la société de développement des entreprises culllturelles
(sodec) ; l'association pour l'exportation du livre canadien (Aelc).
le gouvernement du Québec - Programme de crédit d'impôt pour
l'édition de livres - gestion sodec.

Titre original : The Food Doctor Everday Diet
Copyright © 2005 Dorling Kindersley Limited, London
Text copyright © 2005 Ian Marber

Pour le Québec :
Copyright © ottawa 2006 Broquet inc.
Dépôt légal - Bibliothèque nationale du Québec
4ᵉ trimestre 2006

Traduction Françoise Perillat
Révision Marcel Broquet, Roger Leymonerie
Conception graphique de la page
  couverture Brigit Levesque

ISBN 978-2-89000-804-5

Imprimé au Portugal par Printer Portuguesa

**Toujours consulter votre médecin avant d'entreprendre
un programme de nutrition si vous avez des inquiétudes
au sujet de votre santé.**

Table des matières

Introduction

J'ai écrit *Maigrir et maintenir son poids santé* pour vous montrer à quel point il était facile de perdre du poids et de maintenir un poids idéal tout en mangeant des aliments nutritifs, sans avoir à se priver de certains groupes alimentaires.

Le régime du Docteur Nutrition a été mis au point après de nombreuses consultations avec des personnes qui voulaient perdre du poids. Les principes que j'ai établis sont sécuritaires, accessibles et s'intègrent bien à tout mode de vie. Je sais qu'ils sont efficaces et j'ai eu de nombreuses fois l'occasion de vérifier leur réussite. Ils ne présentent aucun effet secondaire pouvant nuire à la santé et ils ont pour mérite de rétablir à leur juste place les aliments appropriés dans ce contexte compliqué qu'est la gestion du poids. Les 10 principes fondamentaux (voir pages 12 et 13) qui constituent l'assise de ce régime sont très simples à intégrer dans votre vie quotidienne et cependant ô combien efficaces !

Un régime contemporain

Donc, quel est le régime quotidien que nous réserve le Docteur Nutrition ? Tout simplement un régime que vous pouvez suivre au quotidien sans avoir l'impression d'être « au régime » : un régime pratique qui s'aligne sur votre mode de vie. Au fil des ans, j'ai recueilli des informations provenant de clients privés de tous les milieux, des gens ordinaires, des musiciens, des acteurs, des artistes du monde du spectacle et des mannequins. La situation de chacun étant différente, mon régime évoluait pour convenir à toutes les situations et à tous les modes de vie ; qu'il s'agisse de personnes qui travaillent à l'extérieur ou qui restent à la maison, soit une multitude de professions et de stress de toutes sortes. Que vous soyez célibataire ou marié, homme ou femme, avec ou sans enfants, ce régime est facile à intégrer dans votre vie quotidienne.

Certains d'entre vous ont déjà suivi des régimes restrictifs. Par exemple, des régimes qui exigent de ne manger que certains aliments spécifiques en portions préétablies. Avec mon régime, c'est à vous d'en décider : les recettes fonctionnent mieux avec les ingrédients suggérés. Cependant, si un aliment ne vous plaît pas, n'hésitez pas à substituer une protéine ou un glucide complexe à un autre. C'est à vous de choisir. Il n'y a rien de magique. Il s'agit d'adopter un régime sensé et équilibré, sans suivre des modes éphémères, un régime qui encourage une perte de poids sécuritaire sans effets secondaires.

Vous trouverez ici plus d'une centaine de recettes délicieuses, qui sont toutes conviviales (bien que de nombreuses recettes puissent être servies à l'occasion d'une réception sans que vos invités ne se doutent qu'ils suivent « votre régime »). Les recettes peuvent être combinées ou assorties comme vous le voulez. Je vous

Qu'est-ce que le régime du **Docteur Nutrition** ? Il s'agit de « faire le plein de carburant » fréquemment, en combinant de manière optimale les **protéines** et les **glucides complexes** à chaque repas.

Si vous **considérez** actuellement les aliments seulement en termes de quelque chose qui fait **grossir ou maigrir**, c'est que votre **perspective** est devenue floue.

suggère quelques combinaisons. Mais j'espère cependant que vous aurez la curiosité de faire vos propres expériences. Je vous présente des idées de menus pour vous montrer comment il est facile de combiner les groupes alimentaires selon les principes du régime du Docteur Nutrition, avec en plus quelques conseils pour « peaufiner » certains plats ordinaires et en faire des repas beaucoup plus santé.

Il suffit parfois de tenir compte de l'index glycémique (IG) des aliments pour accomplir cet ajustement. C'est la clé de voûte du régime du Docteur Nutrition, qui vise à fournir un apport constant d'énergie tout en minimisant la sécrétion d'insuline. C'est un régime qui ne vous impose pas de sauter de repas ! Nous observons la vitesse à laquelle les aliments sont transformés en glucose et nous soulignons l'importance de manger d'une façon qui donne une vitesse constante à cette conversion ; trop rapidement ou pas assez risque de déséquilibrer votre métabolisme et peut même vous faire prendre du poids supplémentaire lorsque vous reprenez vos habitudes alimentaires « normales ».

> « J'ai suivi votre régime et je vous signale honnêtement que je ne regrette rien ! J'ai perdu 25 kilos (56 livres), je me sens très très bien, en plus d'être très fière de moi. Je n'avais jamais suivi de régime qui ne me laissait pas sur ma faim, cependant celui-ci est bien différent ! ».
>
> Sharon Clifton, SOUTHEND-ON-SEA

Le temps du renouveau

C'est un régime pratique, conçu pour ceux qui vivent dans « la réalité » dans ce monde de privation, des aliments que l'on soupèse, au bord de la famine, ou en train de se gaver. Un de mes lecteurs a décrit le livre précédent, *7 jours pour maigrir*, comme étant « un régime pour adultes », une remarque que je retiens, quoique la formule s'applique également très bien aux enfants. Le manque de temps paraît être l'entrave qui empêche un grand nombre de personnes de s'alimenter d'une façon équilibrée. Grâce au régime du Docteur Nutrition, manger santé est une affaire simple et rapide : la plupart des repas n'exigent que quelques minutes de préparation et se font en moins de temps qu'il n'en faut pour entendre le signal du four à micro-ondes annonçant la cuisson d'un plat. Disposer d'assez de temps, et savoir bien l'utiliser, constitue l'élément clé du *Régime quotidien du Docteur Nutrition*.

Depuis la parution de *7 jours pour maigrir* en 2004, de nombreux lecteurs m'ont fait parvenir leurs témoignages de réussite. Grâce aux questions qui m'ont été posées, j'ai pu mettre au point ce régime et partir à la découverte de nouvelles façons de le présenter clairement. Ce livre est le témoignage de ce procédé. Une mise au point qui reprend et développe les 10 principes présentés dans le premier livre et qui propose encore plus d'idées qui pourront vous inspirer des changements tout en douceur que vous pourrez incorporer sans brusquer votre mode de vie. Et ce n'est pas tout : abonnez-vous au www.dk.com/fooddoctortips (en anglais seulement) et je vous tiendrai au courant de mes dernières découvertes.

Un de mes principes directeurs concerne la manière dont nous percevons les aliments. Cela explique en grande partie pourquoi de nombreuses personnes prennent du poids. Il est important de bien rétablir les éléments essentiels des aliments. Il nous faut réapprendre à manger et enseigner à nos enfants comment mieux s'alimenter, de sorte que les kilos en trop ne soient pas quelque chose que l'on transmet à la génération suivante. Les conséquences de l'obésité sur la santé ne font que commencer à se manifester et les services de santé partout à travers le monde risquent d'être encore plus sollicités à l'avenir. Et tout cela à cause de notre alimentation.

Modes et fringales

Chaque année, toute une pléthore de nouveaux régimes voient le jour, et tous promettent une perte de poids immédiate. Cependant, pourquoi tant de nouveaux régimes chaque année, alors que rien n'a changé dans le monde de la cellule animale depuis des millions d'années ? Ce qui a changé, ce sont les aliments que nous mangeons, le peu d'importance que l'on semble porter actuellement aux aliments eux-mêmes et la naissance d'une industrie alimentaire avide de profits. Nous sommes tous prêts à croire à la solution facile pour perdre du poids. Quelque chose d'avant-garde, qui nous vient sans effort, à peu de frais, et avec des résultats instantanés.

La vérité, c'est qu'il n'y a rien de nouveau. Puisque notre organisme digère les aliments de la même façon que le faisait celui des hommes des cavernes, et qu'il n'y a pas vraiment de nouveaux aliments (à part les aliments transformés !). Il me paraît donc évident que les régimes à la mode ne peuvent pas fonctionner. Le problème, c'est que même un régime avant-gardiste bien mis en marché n'est jamais qu'un régime, avec un début, un milieu et une fin. De sorte que vous le suivrez « bien », vous « abandonnerez » ou vous « tricherez » pour vous retrouver au commencement d'un autre cycle.

Le régime du Docteur Nutrition est un programme pour la vie ; pas une entreprise à court terme, et lorsque vous en aurez compris les principes et que vous les incorporerez à votre mode de vie, votre qualité de vie n'en sera que meilleure et vous perdrez vraiment du poids.

> « J'ai suivi le régime et j'ai perdu presque 3 kilos (6 livres). C'est tout l'encouragement dont j'avais besoin. Je m'évertue maintenant à en suivre les principes, et j'ai beaucoup plus d'énergie qu'avant. Mon mari est maintenant gagné à la cause et il essaye de manger plus santé. Même les enfants prennent plus de plaisir à bien manger. C'est tellement agréable que de faire un régime facile à suivre ».
>
> Sue Oliver, SOMERSET

Le régime du **Docteur Nutrition** libère l'**énergie** d'une manière **constante**. C'est le régime qui ne vous encourage **pas** à **sauter de repas**.

Principes scientifiques

Les 10 principes scientifiques du Docteur Nutrition, c'est-à-dire les principes directeurs sur l'alimentation, sont fondés sur des idées particulièrement intéressantes. Ce chapitre vise à démontrer comment des mauvais choix alimentaires et des régimes suivis à court ou à long terme peuvent affecter votre taux d'insuline et votre métabolisme basal. Qui plus est, vous comprendrez pourquoi le régime quotidien du Docteur Nutrition est la bonne solution.

Les 10 principes

Ces principes sont au cœur de la manière dont je me nourris. Ils sont la «base» du régime quotidien. Leur conception est facile à mémoriser et suffisamment simple pour bien s'incorporer dans votre mode de vie. Il n'existe pas d'opérations compliquées de calculs de calories ou de systèmes de points. Se conformer aux 10 principes est chose facile et vous aurez les outils nécessaires pour contrôler votre poids, vous sentir en bonne santé et pour adopter une meilleure attitude face à l'alimentation.

PRINCIPE N° 1

Associer protéines et glucides complexes

L'association de ces groupes alimentaires dans des proportions justes vous assure un flux d'énergie constant, alors que l'organisme transforme, relativement lentement, ces aliments en glucose. Vous évitez ainsi de déclencher la sécrétion d'insuline, ce qui réduit la possibilité que votre organisme transforme et emmagasine les aliments sous forme de graisses *(voir pages 14 à 19)*.

PRINCIPE N° 2

Bien s'hydrater

Il est important de boire beaucoup d'eau, de préférence 1,5 litre (8 verres) par jour, et même plus lorsqu'il fait chaud ou si vous faites de l'exercice. N'oubliez pas que lorsque vous ressentez la soif, vous êtes déjà en état de déshydratation. Limiter votre consommation d'alcool et de sel est également important car ils contribuent à la déshydratation.

PRINCIPE N° 3

Avoir une alimentation variée

Il est facile de se retrouver dans une ornière au moment de faire ses achats. La plupart d'entre nous passons 90 pour cent de notre temps à n'acheter que 10 pour cent des aliments qui nous sont proposés. Chaque semaine, essayez d'ajouter deux nouveaux types d'aliments à votre panier d'emplettes.

PRINCIPE N° 4

Refaire le plein fréquemment

Manger des aliments sains, peu à la fois mais souvent, est un élément essentiel du régime du Docteur Nutrition. En procédant ainsi, vous aurez un apport constant d'énergie tout au long de la journée, ce qui vous évitera les périodes de pointe et de baisse d'insuline *(voir pages 16 et 17)*, et vous mettrez au rancart les sensations de faim, de fatigue ou d'envies insatiables.

PRINCIPE N° 5

Prendre un petit déjeuner

Le petit déjeuner du matin est un repas essentiel : il reconstitue votre niveau d'énergie et règle votre taux basal pour la journée. C'est parfois difficile d'en prendre le temps, mais ces quelques minutes que vous intégrez à votre horaire sont essentielles au maintien d'un bon poids santé à long terme.

PRINCIPE N° 6

Éviter le sucre

Le sucre est présent sous différentes formes dans les aliments *(voir page 20)* et se transforme extrêmement rapidement en glucose, ce qui a pour effet de provoquer la production de graisse et de faire prendre du poids. La vitesse de transformation du sucre en glucose dans le sang provoque une sensation d'euphorie dans un premier temps, suivie d'un creux qui engendre la faim.

PRINCIPE N° 7

L'exercice, c'est essentiel

Pour suivre le régime du Docteur Nutrition avec succès, il ne s'agit pas seulement de modifier votre attitude envers les aliments. L'exercice et une alimentation saine doivent se conjuguer pour obtenir de bons résultats. Même si votre horaire est chargé, essayez de vous libérer trente minutes trois fois par semaine pour faire de l'exercice.

PRINCIPE N° 8

La règle des 80 : 20

Il est tout à fait acceptable de faire des écarts de temps en temps. Si vous suivez le régime du Docteur Nutrition à 80 pour cent, vous pouvez vous permettre quelques écarts sur les 20 pour cent qui restent. Vous pouvez ainsi faire la fête sans vous sentir coupable et éviter les frustrations et la monotonie qui accompagnent souvent les autres régimes.

PRINCIPE N° 9

Prendre le temps de manger

De nos jours, nombreux sont ceux qui ne prennent pas le temps de manger. Le temps consacré aux repas se trouve souvent coincé entre deux évènements plus « importants », sans prendre le temps de s'asseoir et de savourer la joie de vivre. Un temps raisonnable consacré aux repas est en soi considérablement plus bénéfique au système digestif, en plus d'être une activité beaucoup plus satisfaisante.

PRINCIPE N° 10

Combattre le gras par le gras

Si vous avez l'œil sur les calories, vous considérez probablement les lipides comme l'ennemi numéro un. Cependant, il existe certains gras essentiels (oméga-3 et oméga-6) qui sont nécessaires au bon fonctionnement de l'organisme. Le principe est de manger moins de gras saturés et de consommer les gras essentiels en quantité suffisante.

Le facteur de l'IG

Vous avez sans aucun doute entendu parler de « sevrage de sucre », de « panne d'énergie », de « l'euphorie du sucre » et d'un « IG élevé ». Toutes ces expressions se rapportent aux pics et aux chutes de la fabrication d'insuline que nous imposons à notre corps par suite d'erreurs dans nos choix et nos habitudes alimentaires.

L'organisme transforme les aliments en glucose, qui est sa principale source énergétique. La glycémie de l'organisme fait l'objet d'une surveillance constante et la plage des variations, contrôlée par les hormones, emmagasine le glucose lorsque son taux est trop élevé dans le sang, pour ensuite le libérer lorsque le niveau est trop bas.

L'insuline et l'indice glycémique

Le glucose est emmagasiné à court terme sous forme de glycogène dans les muscles et dans le foie. Cependant si le taux de glycémie devient trop élevé et que les réservoirs de glycogène sont remplis à capacité, une hormone appelée insuline est libérée dans le sang pour transformer l'excès de glucose en gras, jusqu'à ce que l'organisme ait besoin de le transformer à nouveau en glucose pour des besoins énergétiques (voir ci-contre).

Ce phénomène donne lieu à des oscillations prononcées du taux de glycémie (voir pages 16 et 17). Pour ce qui est des variations de poids, si ce que nous mangeons provoque une glycémie trop élevée, ou encourage l'organisme à libérer trop de glucose, le taux de stockage du glucose augmente. Étant donné que le rôle de l'insuline est d'encourager le stockage de l'excès de glucose dans le sang, il est clair que nous devons limiter la quantité d'insuline que sécrète l'organisme si l'on veut freiner ce phénomène de stockage sous forme de gras. L'astuce, c'est de choisir des aliments qui se transforment len-

tement en glucose, évitant ainsi de déclencher la sécrétion d'insuline. Par contre, nous devons aussi manger de façon à ce que le taux d'insuline ne devienne trop faible, ce qui aurait d'autres conséquences sérieuses pour la santé. Faire la distinction entre les aliments à forte teneur en sucre et ceux qui déclenchent la sécrétion d'insuline est l'un des principes essentiels pour comprendre comment fonctionne le régime du Docteur Nutrition. C'est ainsi que l'un des dix principes que je préconise est de manger plus fréquemment et de manger des aliments qui ont un faible indice glycémique (IG).

L'IG d'un aliment repose sur la vitesse de sa transformation en glucose dans le sang. Les aliments ayant un indice élevé se transforment rapidement en glucose (et par conséquent déclenchent la sécrétion d'insuline), alors que les aliments à faible indice glycémique se transforment plus lentement et risquent moins par le fait même de faire passer le taux de glycémie au-dessus du seuil de sécrétion d'insuline.

Qu'est-ce qui provoque la sécrétion d'insuline ?

Un certain nombre d'aliments, ainsi que d'autres facteurs, agissent rapidement sur la sécrétion d'insuline, alors que d'autres ont très peu d'effet. La surveillance des « pics » et des « bas » de ces oscillations du taux de glycémie est le principe directeur de mon régime, et il est facile de bien l'avoir en tête afin de l'incorporer à votre vie quotidienne. Les cinq facteurs principaux qui créent des « pics » du taux de glycémie et qui déclenchent la sécrétion d'insuline, et donc le stockage sous forme de gras, sont le sucre, les glucides simples, le stress, le tabagisme et la caféine (voir pages 20 à 23). Il faut les éviter.

Quels sont donc les facteurs qui contribuent au maintien d'un taux de glycémie stable tout en contrant la sécrétion d'insuline pour éviter le phénomène de stockage de gras dans l'organisme ?

Les protéines. L'organisme les transforme difficilement. En d'autres termes, l'extraction du glucose prend plus de temps, ce qui stabilise le taux de glycémie.

Les glucides complexes. Contrairement aux glucides simples, les glucides complexes sont riches en fibres et l'organisme prend plus de temps à les transformer en glucose qu'il ne le fait pour les glucides simples.

QUEL EST LE LIEN ENTRE L'INSULINE ET LE GRAS ?

Minimiser la quantité d'insuline sécrétée par l'organisme est un élément important du régime du Docteur Nutrition. Pour en comprendre le mécanisme, il faut s'intéresser à la pertinence de deux de ses rôles dans le cadre d'une perte de poids éventuelle :

- l'insuline est un catalyseur pour la fabrication de nouveau gras

- l'insuline entrave la décomposition du gras

suite page 18

Comment les aliments se transforment en gras

Les aliments sont transformés en glucose que le sang transporte vers toutes les cellules de l'organisme pour leur fournir du carburant *(voir à droite)*. Dans le cas où ce processus a lieu trop rapidement, ou si vous mangez trop, la quantité de glucose fabriquée sera excessive par rapport à vos besoins. Ce surplus devant être emmagasiné quelque part, il est stocké avec une base aqueuse, connue sous le nom de glycogène, dans les muscles et dans le foie. Cependant cette capacité de stockage étant limitée, l'excès de glycogène se transforme en gras *(voir ci-dessous)*.

aliments absorbés
▼
transformation en glucose
▼
présence dans le sang
▼
atteint toutes les cellules
▼
fournit l'énergie
▼　　　　　　▼
apport　　ou　　stocké
d'énergie　　　　comme
　　　　　　　　gras

Les aliments sont convertis en glucose
Les aliments sont digérés et convertis en glucose que le sang transporte pour fournir de l'énergie.

Stockage à court terme
Si les besoins immédiats en énergie ne sont pas suffisants pour utiliser tout le glucose disponible, ou si l'apport de glucose se fait trop rapidement, le surplus est stocké à court terme dans le foie et les muscles dans une base aqueuse connue sous le nom de glycogène.

Le surplus de glucose se transforme en gras
Si le glucose ne peut plus être emmagasiné par l'organisme, l'excès sera stocké sous forme de gras.

LES MONTAGNES RUSSES DE L'INSULINE

8h 9h 10h 11h 12h 13h

Le tracé de la ligne orange indique les hauts et les bas de l'insuline dans l'organisme pour une personne qui suit un «régime normal» au cours d'une journée. Le tracé vert correspond à une personne qui suit le régime du Docteur Nutrition, illustrant bien qu'il suffit de consommer les bons aliments au bon moment pour stabiliser les niveaux d'énergie et éviter de déclencher la sécrétion d'insuline.

SEUIL DE SÉCRÉTION D'INSULINE

Les glucides simples, le sucre et la caféine déclenchent la sécrétion d'insuline (et donc du gras) pour la journée.

Les protéines et les glucides complexes se transforment lentement en énergie, ce qui protège contre la sécrétion d'insuline.

Un petit déjeuner de muesli, de noix et de yogourt fournit un bon équilibre entre les protéines et les glucides complexes.

Une collation au milieu de la matinée comble le besoin en protéines et en glucides complexes.

En combinant protéines et glucides, simples et complexes, au dîner, vous êtes assuré d'un apport constant d'énergie au cours de l'après-midi.

Vous prenez un petit déjeuner typique composé de céréales et de café, soit des glucides simples, du sucre et de la caféine.

Si vous prenez un dîner «raisonnable», des pâtes pour l'énergie ou une salade verte si vous avez vraiment envie de déplacer quelques kilos, votre repas sera déficient en protéines.

| LÉGENDE | Sécrétion d'insuline | Régime du Dr Nutrition | Régime normal |

8h 9h 10h 11h 12h 13h

h   15h   16h   17h   18h   19h   20h   21h

En tant que glucides simples, les pâtes augmentent le taux de glycémie à des niveaux qui dépassent le seuil de sécrétion d'insuline, et l'absence de protéines dans ce dîner ne fait rien pour ralentir le processus.

Quelques biscuits et une rasade de caféine déclenchent une sécrétion supplémentaire d'insuline.

Les glucides simples interviennent à nouveau pour élever encore plus le taux de glycémie et le maintiennent au-dessus du seuil de sécrétion d'insuline.

ergie est rée à un taux stant dans le g, contribuant si à stabiliser le abolisme.

Une collation au milieu de l'après-midi, composé de protéines et de glucides complexes, maintient un niveau constant d'énergie jusqu'en fin de journée.

Toute baisse d'énergie est écartée pour que la faim ne vous empêche pas de maintenir le cap sur les choix santé.

Les protéines et les glucides complexes fournissent la bonne quantité d'énergie, laquelle est libérée de manière constante jusqu'au moment d'aller au lit.

Tout est en place pour que votre corps reçoive un apport constant d'énergie qui stabilise les fonctions métaboliques.

Après un dîner dont l'énergie est rapidement dépensée, la faim vous prend au milieu de l'après-midi, et vous la calmez par une collation et peut-être une boisson chargée de caféine.

Cette collation manquait de substance, vous avez encore faim avant le repas du soir. Vous faites un écart au régime pour manger un plantureux repas composé de protéines et de glucides simples.

h   15h   16h   17h   18h   19h   20h   21h

Fibres. Cet élément ralentit le processus d'extraction du glucose des autres aliments, ce qui atténue la fabrication excessive ou trop rapide de glucose et par conséquent réduit le besoin qu'a l'organisme de secréter de l'insuline.

En résumé, vos choix alimentaires devraient se concentrer principalement sur ces «bas» pour que la glycémie et la sécrétion d'insuline restent faibles, encourageant ainsi la libération du gras des cellules pour produire de l'énergie plutôt que de favoriser le stockage du gras. Les 10 principes du régime du Docteur Nutrition vous aident à obtenir ce résultat facilement.

Le régime du Docteur Nutrition propose trois options idéales servant à combiner les groupes alimentaires pour réduire la sécrétion d'insuline et ainsi minimiser la possibilité de fabrication du gras *(voir l'encadré en bas à droite)*. Il existe une quatrième possibilité, loin d'être idéale, qui consiste à associer les glucides complexes et les fibres, cependant sans protéines. C'est l'option la moins souhaitable, car les protéines se retrouvent dans le groupe alimentaire qui est le plus difficilement assimilable, et qui a par conséquent le taux de transformation en glucose le plus lent, minimisant ainsi le risque de déclencher la sécrétion d'insuline.

Équilibrer l'apport protéinique

Un régime fondé uniquement sur les protéines est un choix populaire, cependant c'est un choix que je ne préconise pas. J'ai conçu mon régime afin que toute personne qui le suit correctement se retrouve devant le bon choix de glucides pour chaque repas ou chaque collation. J'estime que bien que nous soyons tous différents et que nos besoins en protéines nous soient propres, lorsqu'il s'agit de perdre du poids d'une manière constante et saine, l'objectif serait de manger un maximum de 40 pour cent de protéines afin de réduire le risque associé à un apport protéinique excessif.

J'ai constaté que les personnes qui suivent un régime hyperprotéiné ont tendance à ne pas manger les cinq portions quotidiennes recommandées de fruits et de légumes frais, avec pour résultat que l'apport en antioxydants est probablement insuffisant. Ces substances d'intérêt vital sont liées à la réduction du risque de cancer, de maladies cardiovasculaires et d'arthrite. Elles servent également à réduire les effets du vieillissement, il n'est donc pas recommandé de les exclure de votre alimentation.

Il faut admettre que la plupart des régimes hyperprotéinés encouragent la consommation de fruits et de légumes frais un peu plus tard au cours du régime. Cependant ma longue expérience auprès des personnes qui suivent ces régimes m'indique qu'un grand nombre d'entre eux n'atteignent pas cette étape. Bien au contraire, ils s'en tiennent à la phase des gras et des protéines, laquelle exige moins d'attention et laisse moins de place à l'erreur. C'est au cours de cette phase initiale que la perte de poids est la plus remarquable. Cependant, je maintiens que cette façon de s'alimenter ne peut être entretenue à la longue et il s'agit là d'un régime ayant un début, un milieu et une fin. C'est

ainsi que vous «abandonnez» le régime ou «trichez», et vous reprenez le poids perdu. Le fait que nombreux sont ceux qui mangent ainsi ne fait que mettre en valeur la triste évidence que nous avons tendance à ne pas tenir compte des véritables conséquences d'un régime inadéquat. C'est ainsi que nous avons souvent la propension de penser aux aliments uniquement en termes de ceux qui font grossir et ceux qui font maigrir.

Les régimes qui préconisent des apports élevés de protéines risquent d'avoir d'autres conséquences nuisibles.

Les gras. Les protéines qui font partie d'un régime hyperprotéiné contiennent souvent une forte teneur en gras saturés. Le fromage, par exemple. Ce gras, souvent appelé «mauvais gras», entrave l'assimilation des gras essentiels dont l'importance est primordiale. Consommés excessivement, ils peuvent hausser le taux de cholestérol et augmenter le risque de maladies cardiovasculaires.

Le calcium. Les études tendent à démontrer qu'il existe possiblement une augmentation du risque de néphrite et d'ostéoporose si l'apport de protéines et de calcium est excessif. Nos corps sont conçus afin de maintenir un équilibre entre les acides et les bases, de sorte que l'environnement interne ne devienne pas trop acide. La métabolisation des protéines augmente l'acidité, et si elle est excessive, celle-ci déclenche par contre coup une libération du calcium emmagasiné afin de «contrer» cette augmentation de l'acidité. Comme le calcium est surtout stocké dans les os, un régime hyperprotéiné peut réduire la densité de la masse osseuse à long terme. Le calcium devant être évacué, il risque de se concentrer dans les reins. Il s'y forme des calculs qui, une fois décomposés en morceaux, transitent par le système urinaire, ce qui peut être passablement douloureux.

Carence en fibres. Les régimes hyperprotéinés ont tendance à être faibles en fibres, ce qui peut provoquer la constipation, laquelle peut contribuer à augmenter le risque de cancer du côlon.

Troubles du sommeil. Il existe un autre effet secondaire bizarre provenant d'une consommation excessive de protéines – l'action sur le sommeil. Les protéines contiennent des acides aminés qui servent à tous les organes, incluant cet organe vital

---

FAIRE DES CHOIX SANTÉ

Le régime du Docteur Nutrition propose trois façons de combiner les groupes alimentaires :

1. Protéines avec légumes et glucides complexes amidonnés

2. Protéines avec légumes

3. Protéines avec seulement des glucides complexes amidonnés (quoique cette option soit de loin la moins intéressante en regard du facteur de l'IG)

UNE COMBINAISON PARFAITE

L'association des protéines et des glucides complexes présente un IG favorable, en plus d'une bonne dose d'antioxydants et de fibres.

40% de protéines

par exemple, du poisson, de la viande maigre ou des légumineuses

60% de glucides complexes

par exemple, des légumes verts chargés de fibres

qu'est le cerveau. Le cerveau est recouvert d'une membrane poreuse appelée la barrière hémato-encéphalique qui agit en tant que filtre, laissant passer certaines substances tout en protégeant le cerveau des substances potentiellement toxiques. Puisque cette barrière restreint l'absorption d'une manière générale, les acides aminés luttent entre eux pour la franchir et être absorbés. Lorsque les glucides sont décomposés par l'organisme, les niveaux d'acides aminés diminuent, à l'exception du tryptophane qui a la capacité de traverser cette barrière. Cet acide aminé est en fait un précurseur du sommeil, de sorte que lorsque les protéines sont consommées excessivement, sans autre apport de glucides et que les niveaux des autres acides aminés ne sont pas supprimés, le tryptophane ne peut pas franchir cette barrière sans être freiné pour atteindre le cerveau et ainsi favoriser le sommeil.

J'ai souvent entendu de nombreuses personnes prétendre que tous les risques et les effets secondaires potentiels que représentent un surplus de protéines en valent la chandelle étant donné la perte de poids promise, et que l'obésité représente un risque tout aussi important pour la santé, au même titre que les autres états pathologiques. Cela est juste. Cependant il existe des façons de perdre du poids qui ne comportent pas de tels risques, et j'estime que les régimes à fortes concentrations de protéines et de gras peuvent présenter des risques inutiles.

Un comportement santé

Comprendre le facteur de l'IG et savoir comment livrer à l'organisme l'énergie dont il a besoin tout en évitant les effets secondaires négatifs, et sans fausser votre attitude envers la nourriture, correspond tout à fait à l'esprit de mon régime quotidien. Les régimes hyperprotéinés ou à faible teneur en glucides, ainsi que ceux à faibles calories ou à faible teneur en gras, ne sont pas sans comporter certains inconvénients *(voir pages 42 et 43)*. Les 10 principes du régime du Docteur Nutrition vous évitent les pièges associés à bien des régimes courants. Grâce à

Les **régimes hyperprotéinés** posent un **risque important** à votre **santé**.

ces principes, vous serez en mesure de mettre sur pied des pratiques alimentaires saines qui contrôlent le taux d'insuline, tout en évitant les hauts et les bas de sa concentration dans le sang éliminant ainsi le risque de perturber votre métabolisme *(voir pages 24 à 27)*. Ainsi, c'est un régime pour la vie. Un programme que vous pouvez suivre à tout jamais et qui s'intègre bien à votre mode de vie.

Les déclencheurs de l'insuline

Vous comprenez maintenant l'importance de maintenir votre taux de glycémie aussi stable que possible. Dans cette optique, l'un des grands principes du régime du Docteur Nutrition, de «faire souvent le plein de carburant», est tout particulièrement pertinent. La quantité de ce que vous mangez, la fréquence des repas et le coefficient entre les protéines et les glucides complexes lors de chaque repas, tout cela contribue à maintenir le taux de glycémie à un niveau stable et à éviter qu'il ne franchisse le seuil de sécrétion d'insuline. Cependant, il existe d'autres substances clés qui agissent comme déclencheurs de la sécrétion d'insuline. Cinq de ces déclencheurs, le sucre, les glucides simples, le stress, le tabagisme et la caféine, sont présentés aux pages suivantes.

L'expression «déclencheur d'insuline» peut vous paraître bizarre, cependant ces déclencheurs sont des substances que nous rencontrons quotidiennement sans y prendre garde. Chacun de ces déclencheurs d'insuline possède des caractéristiques spécifiques, dans la mesure où certains proviennent de vos habitudes sociales, d'autres vous donnent un surcroît d'énergie, alors que d'autres encore créent une dépendance. Cependant ils se rapportent tous à un échange chimique et à la réaction de votre organisme quant à la sécrétion d'insuline.

L'insuline permet à votre organisme de stocker du gras à partir des aliments que vous mangez : sans insuline, ce processus est limité. Éviter les montagnes russes de l'insuline *(voir pages 16 et 17)* est une composante importante du régime du Docteur Nutrition, car il s'agit de limiter la quantité de gras que vous pouvez emmagasiner. Bien comprendre l'impact de ces cinq déclencheurs est d'un intérêt crucial pour réussir à maintenir votre poids.

Le sucre

J'ai lu, il y a longtemps que du moment où un aliment est sans gras, il ne peut pas faire engraisser. Ainsi, j'ai eu le plaisir d'acheter des tas de bonbons et de sucreries qui effectivement n'avaient pas de gras, et, faut-il s'en étonner, j'ai pris du poids en très peu de temps. J'estime que le gras a acquis depuis des années une très mauvaise réputation pour ce qui est de la prise de poids. Cependant, le sucre, sans oublier le miel, se cache tranquillement en coulisse, espérant ne pas se faire remarquer. Il est grand temps de mettre fin à cet état de fait au sujet du sucre, d'en parler ouvertement et de reconnaître son rôle négatif.

Qu'est-ce que le sucre ?

Le sucre se terre sous de nombreuses formes : saccharose, mannitol, glucose, miel, lactose, fructose, sorbitol, sirop de maïs, malt, extrait de malt, maltose, sirop de riz, extrait de riz, mélasse, sirop de glucose et sucre inverti sont tous autant d'autres noms pour le sucre. Le sucre raffiné est un glucide simple. En fait, c'en est la quintessence même. Comme nous l'avons appris, les glucides simples provenant des aliments se transforment en glucose beaucoup plus rapidement que les glucides complexes.

Le sucre n'a que quelques attaches pour assurer sa cohésion et n'a pas de fibres ; la fibre étant un facteur important pour ralentir l'extraction du glucose. Le

---

NOTE SCIENTIFIQUE : L'ADRÉNALINE ET LE GLYCOGÈNE

L'adrénaline est sécrétée pour aider l'organisme à réagir dans une situation de «lutte ou de fuite». Cette réaction, héritée de nos ancêtres les hommes des cavernes, peut être déclenchée encore par les situations stressantes ou stimulantes. Les effets sont multiples, l'un étant de diriger le sang vers des réseaux «secondaires» tels que le système digestif, et de le pomper vers des zones principales impliquées dans la lutte ou la fuite, tels que les muscles, le cœur et les poumons. La digestion ralentit, ce qui gêne l'absorption des aliments et supprime l'appétit. Le taux de glycémie augmente rapidement afin d'assurer que les muscles reçoivent toute l'énergie dont ils ont besoin pour se préparer à lutter ou à fuir. Lorsque ce taux devient trop élevé, l'insuline est sécrétée *(voir pages 14 à 19)*. La montée rapide est suivie par une chute significative, laquelle déclenche une demande d'énergie supplémentaire – de sorte que vous avez faim.

sucre est donc rapidement converti en glucose dans le sang, ce qui vous fait dépasser le seuil de sécrétion de l'insuline *(voir pages 16 et 17)*.

J'ai de nombreux clients qui m'annoncent fièrement qu'au lieu de manger du chocolat «ordinaire», ils mangent des substituts de chocolat biologique santé. J'en suis heureux, car cela signifie qu'ils lisent bien les étiquettes et cherchent des solutions santé. Malheureusement, peu importe l'option, organique, brute, brune ou blanche, cela n'en demeure pas moins du sucre. Il se transformera toujours en glucose avec une célérité surprenante, et avec le même effet sur le taux de glycémie.

Qu'en est-il du miel ?

Après tout, le miel est une substance naturelle, n'est-ce pas ? Eh bien, le sucre aussi. C'est une substance végétale. Le miel a acquis quelques associations romantiques : on pense tout de suite aux abeilles qui butinent les fleurs sous un ciel clément, s'affairant à rassembler le nectar que l'essaim de la ruche va transformer en miel pour le servir au bon vouloir de l'apiculteur. Il faut reconnaître que le miel possède beaucoup de qualités santé, cependant il se transforme en glucose à presque la même vitesse que le sucre. En fait, le sucre (ou le saccharose) a un IG de 70, alors que le miel affiche le chiffre impressionnant de 90.

Le sucre artificiel est-il meilleur ?

Les sucres artificiels ont un faible IG et donc un effet minime sur le taux de glycémie, cependant mon inquiétude se porte sur le terme «artificiel», ce qui signifie habituellement «composé de produits chimiques», et qui n'indique pas des qualités santé. Les édulcorants naturels ont aussi peu d'effet sur le taux de glycémie, cependant ils entretiennent cette idée de manger sucré. Si vous êtes capable d'en faire le sevrage, c'est la meilleure solution, et se conformer aux 10 principes devrait réduire l'envie de sucre à un minimum.

Les glucides simples

Imaginez manger une tranche de pain multi-grains. Je veux dire par là un pain dont les grains entiers sont visibles. Vous êtes obligé de bien le mastiquer, de le mélanger à la salive avant de pouvoir l'avaler pour qu'il se dirige vers l'estomac et se mélange avec l'acide chlorhydrique. Dès que le pain passe par le tube digestif, l'extraction du glucose démarre, ainsi que la transformation des vitamines et des minéraux. En tant que glucide complexe, l'indice glycémique de ce pain se chiffre à environ 50 *(voir pages 14 et 47)*.

En mangeant du pain blanc dont l'IG est d'environ 78, la transformation en glucose n'aurait pas été retardée par la présence des grains entiers. Le pain composé de farine blanche a été transformé au point qu'il a perdu toute trace de fibre – alors qu'il s'agit d'un élément essentiel pour retarder l'extraction du glucose.

Ce qu'il faut éviter

Vous devriez réduire votre consommation de glucides simples et les éviter autant que possible. Réduisez donc votre consommation de sucres, de nombreux produits farineux et de pain, de céréales, de riz blanc, de pâtes de semoule de blé, de chocolat, de bonbons, d'alcool et de boissons sucrées. L'alcool est un glucide simple qui non seulement se transforme en glucose, mais peut aussi dénaturer

votre faculté de faire les bons choix alimentaires. Essayez de limiter votre consommation d'alcool pour n'en prendre qu'aux repas.

L'autre risque, ce sont les céréales du petit déjeuner, car elles se décomposent rapidement. Un régime typique pour un petit déjeuner faible en calories est généralement composé de céréales, d'un verre de jus d'orange (après tout, le jus est un aliment santé, n'est-ce pas ?) et d'une tasse de café (sans lait, puisque vous surveillez votre poids). Vous prenez ainsi deux glucides simples en plus de la caféine, tout ça au premier repas de la journée. Il n'est pas étonnant que vous soyez fatigué et que la faim vous tiraille au milieu de la matinée.

Les jus de fruits et de légumes

Au chapitre des jus, l'intérêt des jus de fruits et de légumes provient de leur teneur en fibres. Les porte-parole de la santé à travers le monde recommandent de prendre au moins cinq portions de fruits et de légumes chaque jour, quoique le jus ne compte que pour une seule portion. Même si vous buvez dix verres de jus par jour, ce ne sera jamais qu'une seule portion. Malgré le contenu en vitamines et en minéraux d'un verre de jus, il ne contient pas de fibres, alors que la fibre est tout aussi importante dans la prévention de la maladie que les antioxydants des fruits et légumes frais. Selon les principes du Docteur Nutrition, la fibre est essentielle car elle enveloppe les autres aliments et en ralentit la vitesse de transformation en glucose. Les aliments complets, comprenant les fruits et les légumes, ont plus de valeur intrinsèque que leurs produits dérivés.

Le jus de fuit, ayant peu de fibres pour retarder la transformation en glucose, a un IG élevé, alors que les fruits entiers ont un indice beaucoup plus faible. Si vous faites votre propre jus, veillez à y inclure la pulpe du fruit, afin de retarder la vitesse de transformation en glucose.

Le stress

Je ne peux pas concevoir une vie sans stress. En fait, c'est probablement une situation impossible. Même les personnes les plus relax subissent un certain stress, aussi faible soit-il. Assis à mon bureau, en train de travailler en fonction d'un horaire précis, mon niveau de stress est élevé, bien que je puisse ne pas en avoir conscience. Les transformations chimiques dans l'organisme peuvent avoir lieu sans qu'elles ne soient ressenties.

Le rôle du glycogène

L'arc réflexe du stress est simple. Lorsque notre organisme reconnaît le stress ou le danger, il libère une hormone, l'adrénaline, sécrétée par les glandes surrénales *(voir l'encadré, page 20)*. L'adrénaline a un effet sur le taux de glycémie, déclenchant la sécrétion d'insuline qui encourage votre organisme à fabriquer du gras. Le stress peut avoir pour conséquence une augmentation de poids. Étant donné que l'adrénaline entrave aussi la digestion, cela vous empêche de profiter de tous les nutriments provenant des aliments que vous mangez.

Le stress affecte votre poids d'une autre façon. L'adrénaline a pour effet supplémentaire de forcer le glucose emmagasiné, connu sous le nom de glycogène, à être libéré dans les muscles et le foie. Ces stocks de glycogène

sont conçus pour donner de l'énergie à court terme et faire face à une situation de stress. Les stocks de glycogène se transforment rapidement à nouveau en glucose et sont libérés dans le sang afin de donner aux muscles et au cerveau une source d'énergie instantanée qui leur permet de confronter une situation qui est perçue comme stressante ou dangereuse.

Cependant, ce glucose n'est pas toujours nécessaire, car le stress quotidien ne déclenche généralement pas de réaction de lutte ou de fuite. Ce surplus de glucose peut alors être stocké à nouveau par des procédés biochimiques en cascade pour se retrouver sous forme de gras.

Reconnaître le stress

Le stress ou le danger se présentent sous diverses formes. Il ne s'agit pas nécessairement du type de stress que l'on retrouve par exemple au niveau des exigences du travail, souvent associé au mot «stress». En fait, quelle que soit la situation que vous percevez comme stressante ou non, il y a risque de déclencher une réaction de stress : qu'il s'agisse d'être en retard pour aller à l'école, de dépasser l'échéance d'un projet au travail, des soucis de famille, des questions d'argent ou même des inquiétudes au sujet de votre poids. Toutes peuvent provoquer la même réaction de stress.

Je ne prétends pas que le stress puisse être évité, cependant il faut bien se rappeler qu'il s'agit là d'un élément qui influence l'élévation de la glycémie, ce qui déclenche par la suite la sécrétion d'insuline. Cela explique peut-être votre récente prise de poids.

Si vous souffrez de stress, je vous conseille de bien faire attention à la façon dont vous réagissez à d'autres déclencheurs, tels que la caféine et le sucre raffiné, car il vous faudra peut-être les éliminer complètement afin de compenser le stress inévitable de la vie quotidienne.

Le tabagisme

La fumée de cigarette contient de la nicotine, un excitant léger qui déclenche la sécrétion d'adrénaline *(voir l'encadré, page 20)*, laquelle a un effet très marqué sur le taux de glycémie. J'estime que beaucoup de fumeurs ont du mal à gérer leur taux de glycémie. Cependant bien le contrôler fait intégralement partie du régime du Docteur Nutrition.

Un mauvais départ

En général, un fumeur prend sa première cigarette de la journée au petit déjeuner, ce qui élève brutalement le taux de glycémie peu de temps après le réveil. Je me suis aperçu que la majorité des fumeurs sautent le petit déjeuner parce qu'ils prennent plutôt un café et une cigarette. Cependant, le petit déjeuner inaugure les habitudes de la journée. Un repas léger composé d'un judicieux équilibre entre les protéines et les glucides complexes fournit effectivement tout le carburant nécessaire au métabolisme pour bien démarrer la journée. Un café avec une cigarette, au contraire, va éliminer tout besoin d'aliments, de sorte que vous mangerez moins et que votre métabolisme se placera en «mode famine».

Le tabagisme et l'appétit

La plupart d'entre nous avons conscience du risque pour la santé que représente le tabagisme, cependant je me demande quels sont les fumeurs qui comprennent bien le lien entre le tabagisme et l'obésité. Habituellement, l'on considère le tabagisme comme quelque chose qui coupe l'appétit, alors comment supposer que cela n'intéresse pas ceux qui sont au régime ? Malheureusement, les choses ne sont pas aussi simples. À part le lien avec les écarts de taux de glycémie, le fait est que la cigarette réduit et parfois supprime toute envie de manger. C'est ainsi que lorsque vous arrêtez de fumer (ce que vous ferez un jour, je l'espère), votre appétit revient et vous mangez beaucoup plus que ce que votre métabolisme peut dépenser *(voir pages 24 à 27)*. L'envers de la médaille, c'est que les taux de glycémie sont contrôlés en mangeant régulièrement, une pratique préconisée par le régime du Docteur Nutrition, ce qui peut réduire sérieusement le besoin qu'ont les ex-fumeurs de remplacer la nicotine par de la nourriture lorsqu'ils arrêtent de fumer.

Au risque de paraître vous faire la morale, je demande à mes clients en consultation s'ils ont l'intention de fumer toute leur vie. Invariablement, la réponse est non. Je leur demande alors quand risque de commencer le reste de leur vie. C'est frivole, je le sais, cependant il est possible que cela puisse les aider à se concentrer sur la question, à savoir : pourquoi continuer à fumer ?

Comment ce régime vient à votre secours

Si vous êtes un fumeur invétéré, je vous propose de consigner par écrit les moments où vous fumez pendant la journée. Puis, essayez de prendre une petite collation aussi souvent que possible tout au long de la journée, surtout au moment où vous faites habituellement une pause-cigarette, sans oublier pour autant l'équilibre que je préconise entre les glucides complexes et les protéines. Il se peut que votre dépendance à la nicotine s'amenuise naturellement, ce qui rendra le sevrage et l'abandon du tabagisme plus facile que vous ne l'auriez imaginé.

La caféine

La caféine se retrouve le plus souvent dans des boissons comme le café et les colas. Elle est présente dans une moindre proportion dans le thé et le chocolat. De plus, les boissons dites énergétiques en sont une autre source non négligeable.

De nos jours, le café semble faire partie des habitudes quotidiennes Il nous arrive de prendre un cappuccino ou un café au lait sur le chemin du travail, ou lors d'une pause-café au cours de la matinée avec un ami que l'on rencontre dans l'un de ces nombreux cafés qui se multiplient çà et là un peu partout.

Le café (ainsi que la caféine) est devenu un phénomène de société, et prendre du café à répétition pendant la journée est maintenant la norme. Cependant, comment cette boisson, innocente en apparence, affecte-t-elle votre poids ?

Les hauts et les bas

La caféine stimule la sécrétion d'adrénaline *(voir l'encadré, page 20)* et peut créer une accoutumance à cause des « hauts » et des « bas » qu'elle provoque. Lorsque le niveau d'adrénaline est élevé, nous sommes alertes, prêts à nous atteler à la tâche, et tout semble bien fonctionner. Cependant, cette impression de bien-être est rapidement suivie d'une sensation de relâchement une fois que l'effet de l'adré-

naline a disparu. Il en résulte une certaine fatigue et un engourdissement, car nous avons perdu cette sensation d'exaltation. L'augmentation du taux de glycémie, suivie inévitablement d'une chute, confère au buveur de café la sensation que l'on connaît déjà, soit d'avoir l'estomac dans les talons ou d'avoir besoin d'un autre café pour retrouver cet état de bien-être. De toute façon, personne, peu importe sa capacité de concentration et sa volonté, n'est capable de faire de bons choix alimentaires dans une telle situation, car l'on se sent fatigué avec le besoin d'un coup de fouet. Pouvez-vous imaginer avoir envie de légumes verts ou d'hommos au milieu de la matinée après avoir pris un petit déjeuner de céréales et de café ? Vous en conviendrez, c'est fort peu probable. Vous aurez probablement plus envie d'un, ou de trois biscuits et d'un autre café.

Le café et la perte de poids

Le café est abondamment disponible, et sortir prendre un café est devenu bien plus qu'une habitude sociale, c'est une habitude sanctionnée par la société.

Je bois rarement du café, ayant bien compris ses effets néfastes, cependant je reconnais que sa dimension sociale en a rendu la consommation excessive et inoffensive en apparence. Le café n'en demeure pas moins un stimulant et il faut en prendre conscience. Si vous voulez perdre du poids facilement, de manière constante et à long terme, vous devez réduire votre consommation de caféine en tant que part intégrale de vos nouveaux choix de mode de vie. Si vous estimez ne pas être capable de vous en passer complètement, essayez de vous limiter à une seule tasse de café par jour.

Contrôler le taux de glycémie en mangeant peu mais souvent, et en mangeant des protéines avec des glucides complexes à chaque repas, sans oublier les collations, réduit à un minimum les envies et limite tout désir de stimulants, y compris la caféine.

Votre métabolisme

Les gens ont tendance à rendre leur métabolisme responsable d'un régime dont les résultats ne sont pas conformes à leurs attentes, et il est vrai que le métabolisme est un facteur clé de la perte de poids. Comprendre l'impact sur le métabolisme des régimes suivis à répétition vous mettra à l'abri de tout risque de récidive éventuelle.

Je traite avec des clients qu'un grand nombre de questions inquiètent. Cependant lorsqu'il s'agit de les conseiller sur la perte de poids, je les interroge toujours sur les régimes qu'ils ont suivis. La réponse habituelle, c'est « tous ». Bien sûr, ils ont tous perdu du poids, quel que soit le régime. Cependant une fois qu'ils cessent d'observer les contraintes alimentaires prescrites par le régime, ils reprennent leurs anciennes habitudes alimentaires pour reprendre alors le poids perdu, et parfois plus. Vous vous reconnaissez ? Ce genre de régime reflète une historique qui remonte souvent à l'adolescence ou à la vie de jeune adulte. Le plus difficile c'est d'aider les clients à comprendre que le programme du Docteur Nutrition n'est pas vraiment un régime. Je leur dis que c'est la fin de leurs jours de « régime », puis à l'aide de diagrammes illustrant les montagnes russes de l'insuline *(voir pages 16 et 17)* et les six étapes conduisant à un métabolisme confus *(voir page précédente)*, je leur explique pourquoi la façon dont ils ont abordé le problème jusqu'à présent ne leur a pas permis d'atteindre, ou de maintenir, un poids santé.

Quand j'ai commencé à intégrer ces données à mes consultations sur la perte de poids, les réactions exprimées étaient fort convaincantes. La plupart du temps, mes clients s'y reconnaissaient, éprouvant parfois une certaine frustration pour avoir « suivi » un régime pendant aussi longtemps. Il y a eu des pleurs, des hochements de tête, des sourires, chacun y trouvant un reflet de ce qu'ils avaient vécu. Laissez-moi vous en expliquer la raison, à savoir comment les régimes suivis à répétition risquent de vous avoir amené à la situation que vous vivez actuellement.

Le « point d'équilibre » du métabolisme

Nous possédons tous un « point d'équilibre ». C'est un seuil à partir duquel votre alimentation correspond exactement à la quantité de glucose *(voir page 26)* dont votre organisme a besoin pour satisfaire la demande énergétique quotidienne. Par exemple, supposons que votre point d'équilibre se situe à 2 000 calories. L'apport énergétique quotidien dont votre corps a besoin pour marcher, parler, digérer, respirer et penser est de 2 000 calories, ce qui équivaut à l'énergie moyenne produite par les aliments que vous consommez quotidiennement. Je n'aime pas penser aux aliments en termes de calories,

cependant dans ce contexte, cette référence peut en faciliter une meilleure compréhension.

L'effet du régime sur votre point d'équilibre

Maintenant, qu'arrive-t-il à votre point d'équilibre lorsque l'apport calorifique est modifié ? Tel qu'expliqué plus bas, et illustré au diagramme de la page précédente, un régime n'aura pas toujours l'impact souhaité sur le métabolisme.

Si nous prenons pour hypothèse qu'en fonction du temps votre apport en calories a dépassé vos besoins en énergie et que vous avez emmagasiné du gras, vous décidiez de suivre « un régime » et de réduire votre apport en calories. Vous savez que faire de l'exercice brûle des calories, de sorte que vous allez au gym, vous faites de la course à pieds, vous marchez pour aller au travail, ou vous descendez de l'autobus quelques arrêts plus tôt qu'à l'habitude, afin de brûler ces calories excédentaires.

Ainsi, votre corps est maintenant obligé de dégager une partie du glucose stocké afin de répondre aux nouveaux besoins que représente l'exercice, et de compenser pour votre décision de réduire votre apport en calories. Lorsque le glycogène disparaît, les gras stockés sont mobilisés pour transformer sous forme d'énergie les aliments qui avaient été emmagasinés. C'est ainsi que vous perdez un peu de poids la première semaine, et toute personne ayant suivi un régime à long terme sait probablement que le glycogène est stocké dans l'eau, de sorte que la perte de poids initiale est surtout constituée par l'eau qui servait à retenir le glycogène. Cependant, quelques problèmes plus graves se profilent à l'horizon. Votre métabolisme ne saisit pas que vous vivez au 21e siècle. Il prend pour acquis que vous vivez à l'âge des cavernes. Il suppose que vous traversez une période de famine et compense en se mettant en « mode famine » *(voir page précédente)*, en ralentissant quelque peu et réduisant le point d'équilibre du métabolisme pour s'ajuster au nouvel apport d'aliments.

Vous constatez alors que vous perdez peu, ou plus du tout, de poids, ce qui est plutôt frustrant car vous étiez convaincu quelques jours auparavant que le régime fonctionnait et qu'il valait la peine de maintenir le cap. C'est à ce moment précis que vous êtes tenté de faire une « pause » au régime ou de

LES BIENFAITS DE L'EXERCICE

- Rehausse le taux métabolique et force l'organisme à brûler du gras

- Favorise une bonne circulation sanguine et optimise les fonctions cardiovasculaires

- Contribue à la gestion générale du glucose et à sa tolérance, ce qui minimise les besoins en insuline

- Réduit la tension artérielle

- Encourage la fabrication d'endorphines, ce qui contrecarre la sensation d'anxiété et met de bonne humeur

«tricher», ayant l'impression d'être trahi par les circonstances. Imaginons cependant que vous demeurez bien résolu à persévérer, en décidant même de manger un peu moins et de faire plus d'exercice. Vous recommencez à perdre du poids, malheureusement, le métabolisme basal chute à nouveau en fonction de la réduction de votre consommation d'aliments. Votre point d'équilibre métabolique ayant chuté, votre corps s'est ajusté à un apport restreint d'aliments et vous devez vous contraindre à maintenir cet apport pour ne pas prendre de poids. Cela n'est pas une solution à long terme, ni agréable, ni flexible, et pire encore, cela risque de ne pas vous fournir un apport énergétique suffisant. C'est alors que vous allez commencer à avoir faim. Le cycle de culpabilisation sera lancé et vous vous reprocherez de ne pas pouvoir contrôler vos pulsions *(voir page 30)*. Tous ceux qui sont souvent au régime se reconnaissent dans cette triste histoire. Cependant la leçon s'applique à tout le monde, qu'il s'agisse de ceux qui sont souvent au régime ou de ceux qui suivent un régime pour la première fois. Pour réussir, il faut perdre du poids lentement et d'une manière constante pour éviter de perturber votre métabolisme.

Que fait-on du régime 7 jours pour maigrir ?

Si suivre un régime perturbe le point d'équilibre du métabolisme, pourquoi ai-je mis au point *le régime 7 jours pour maigrir*, publié précédemment ? En quoi est-il différent ? Je l'ai inclus en tant que «régime de démarrage» pour plusieurs raisons, la principale étant la promotion d'une alimentation saine et afin vous présenter les 10 principes *(voir pages 12 et 13)* d'une manière structurée, vous montrant à quel point il est facile de s'y conformer.

Le régime 7 jours pour maigrir est plus faible en calories que mon Plan for Life et que le présent régime au quotidien. Quoiqu'il s'agisse d'un régime structuré, il vous permet d'être flexible si telle est votre préférence. Il n'existe pas de formules magiques. Seul le bon sens et un équilibre idéal prévalent, de sorte que si vous préférez substituer le menu du jour 6 à celui du jour 3, ou d'échanger un dîner pour un souper, ou encore de modifier l'ordre des repas d'une manière générale pour qu'ils s'accordent à vos préférences, cela importe peu : les éléments essentiels demeurent inchangés.

En quoi donc ce régime se distingue-t-il des autres régimes et pourquoi votre point d'équilibre n'en est-il pas perturbé ? Tout simplement parce qu'il se conforme aux 10 principes, tout en assurant le maintien d'un apport énergétique constant qui est libéré peu à peu tout au long de la journée, et qu'il est conçu pour être suivi pendant une période de temps limitée. Le régime de 7 jours ne s'intéresse pas uniquement à une réduction des calories, il s'agit plutôt de manger les aliments qui conviennent, en plusieurs repas. Vous n'avez jamais faim, et vous n'êtes jamais en panne de carburant, de sorte que votre organisme ne se met jamais en mode famine. Idéalement, votre objectif devrait être de suivre ces 10 principes à long terme, alors que le régime de 7 jours est une option de «démarrage» ou de «coup de fouet». Je vous déconseille de suivre le régime de 7 jours pendant plus d'une semaine à la fois, et de ne pas répéter ce régime plus d'une fois au cours de six semaines consécutives. Ainsi vous éviterez de brusquer le point d'équilibre de votre métabolisme et ne risquerez pas d'encourager un stockage sous forme de gras.

L'effet de l'exercice sur le point d'équilibre

Parfois, alors que nous fixons des objectifs irréalisables avec des régimes que nous n'arrivons pas à soutenir, nous essayons aussi d'entreprendre un programme d'exercice qui est aussi peu réaliste.La plupart des centres de conditionnement physique tablent sur le fait que la grande majorité de leurs membres ne s'y présentent pas, sauf en janvier, et ils se trompent rarement. Prendre un abonnement à un gymnase en début d'année, c'est comme démarrer un nouveau régime, et souvent les deux se confondent. Dès février, votre bonne volonté ayant quelque peu fléchi en fonction de la réalité du vécu, votre alimentation reprend son allure d'avant et il y a fort à parier que la fréquence de vos sessions au gymnase s'espacera. C'est ainsi que vous créez une autre situation «d'échec» où vous aurez l'impression d'être en défaut *(voir page 30).*

Il est certes vrai que nous devrions faire de l'exercice pour maximiser notre perte de poids. Par contre, il est bon de comprendre ce qui se passe en termes de métabolisme et en fonction de l'exercice. Si nous gardons à l'esprit que les aliments sont une source de glucose qui circule dans le sang et pénètre les cellules qui s'en servent comme carburant pour fabriquer de l'énergie, il est facile pour nous de comprendre que plus nous avons besoin d'énergie, plus nous avons besoin de glucose. De sorte que plus nous faisons de l'exercice, ou plus cet exercice est difficile, plus nous allons brûler de gras? Malheureusement, ce n'est pas tout à fait le cas. Je reçois très souvent des clients qui veulent perdre du poids et qui se plaignent qu'à part manger très peu, ils font régulièrement et frénétiquement des exercices quotidiens. Ils me font part de séances d'exercices cardio-vasculaires de 45 minutes ou d'une heure, passées à suer sur un tapis roulant ou dans une classe d'exercices aérobiques, sans pour cela constater la perte de poids à laquelle l'on s'attend suite à tous ces efforts. Et combien de fois avez-vous été surpris de constater au gymnase que l'un des réglages les moins élevés de la machine est destiné à «brûler du gras». Je n'ai jamais compris pourquoi une dépense énergétique plus faible permettait de brûler du gras. Il est donc raisonnable de supposer que

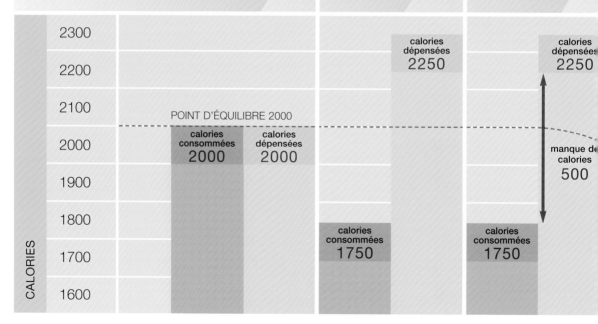

SIX ÉTAPES POUR UN MÉTABOLISME CONFUS

Nous avons tous un «point d'équilibre» — soit le résultat de l'équation entre les aliments consommés et les besoins quotidiens en glucose. En termes de contrôle du poids, vous ne perdez ni ne gagnez de poids au cours de cette journée.

Votre premier régime
Par exemple, votre point d'équilibre est de 2 000 calories, cependant vous vous sentez un peu grassouillet et vous décidez de perdre un peu de poids...

Réduire les calories
Pour ce faire, vous suivez un régime extrême, vous ramenez votre apport de calories à 1 750 et vous augmentez le niveau d'exercices pour brûler 2 250 calories...

Solution éclair
Dans un monde équitable, vous perdez du poids à cause des 500 calories correspondant à la différence entre ce que vous avez mangé et ce que vous dépensez et pendant une semaine ou deux, tant que votre point d'équilibre ne s'est pas ajusté, il demeure à 2 000. Cependant, la vie n'est pas aussi facile...

CALORIES

2300
2200
2100
2000
1900
1800
1700
1600

POINT D'ÉQUILIBRE 2000

calories consommées **2000**

calories dépensées **2000**

calories dépensées **2250**

calories consommées **1750**

calories dépensées **2250**

manque de calories **500**

calories consommées **1750**

plus la cadence de l'exercice est rapide, plus vous risquez de perdre du poids?

Malheureusement, tout comme votre point d'équilibre peut s'adapter à une alimentation réduite en calories, il s'adapte également à l'anticipation d'un niveau d'exercice élevé. Votre métabolisme s'ajuste afin que votre corps puisse supporter ces exercices sans avoir à brûler de calories supplémentaires. Comme un faible apport alimentaire peut avoir un effet sur votre point d'équilibre, il en va de même pour ceux qui font trop d'exercice.

Comment stabiliser votre point d'équilibre

Plutôt que de se livrer à un surcroît frénétique d'activités, il est préférable d'y substituer une production d'énergie de niveau moyen («carburer» lentement), plus efficace pour rehausser le métabolisme et favoriser une décomposition lente et constante des graisses, lesquelles se transforment en glucose qui vous sert de carburant.

La meilleure façon d'établir un programme d'exercice consiste à trouver un équilibre réaliste entre un exercice agréable et un régime que vous êtes capable de suivre, même lorsque vous êtes pressé par le temps. Vous désirez peut-être vous abonner à un gym, ou vous réunir avec quelques amis pour faire de l'exercice, ou tout simplement vous décidez de faire une marche au cours de la journée. L'essentiel, c'est de trouver un exercice qui s'insère aisément dans votre mode de vie et qui vous fait plaisir. Ne vous laissez pas entraîner dans des exercices qui deviennent un obstacle insurmontable à toute perte de poids.

Il n'existe qu'une seule méthode pour perdre du poids, c'est de procéder lentement et tout en douceur. C'est-à-dire, manger peu mais souvent, en associant les glucides complexes et les protéines selon les recommandations du régime du Docteur Nutrition et faire de l'exercice suivant une cadence soutenue. Vous pourrez ainsi maintenir l'équilibre de votre niveau basal et éviter que votre organisme ne déclenche une réaction de famine.

Le point d'équilibre s'ajuste
Au bout de quelques jours, votre alimentation restreinte de 1 750 calories déclenche une alerte de «risque de famine» et votre organisme s'ajuste pour fonctionner à ce niveau en réduisant le point d'équilibre. Vous ne consommez que 1 750 calories par jour, cependant votre organisme s'est ajusté afin de subvenir à vos besoins énergétiques en fonction de cette quantité de calories...

Après le régime
Vous supportez difficilement une alimentation réduite à 1 750 calories par jour, vous abandonnez le régime pour retrouver l'apport «normal» de 2 000 calories par jour...

Mode famine
MAIS, votre point d'équilibre s'étant établi à 1 750, votre organisme a un surplus de 250 calories. Qui plus est, votre organisme est en mode famine et optimise avec efficacité ce surplus, qu'il transforme en glucose. Le besoin énergétique étant de seulement 1 750, le surplus est stocké sous forme de GRAS.

Le résultat...
Pendant votre régime, votre métabolisme était alerté à une possibilité de famine et s'y est ajusté. Suite à l'abandon du régime, alors que les aliments sont en abondance, votre organisme stockera beaucoup plus les aliments sous forme de gras plutôt que de les transformer en énergie, en prévision de la prochaine famine. Le résultat, c'est que vous allez reprendre le poids que vous aviez perdu, et plus encore.

Pour réparer les dégâts que provoque un régime à long terme sur le point d'équilibre du métabolisme, et l'ajuster à la hausse, vous devez entreprendre un programme d'alimentation soutenu et constant, en le combinant avec des exercices réguliers d'un niveau de difficulté moyenne. La rapidité de cet ajustement dépend de nombreux facteurs tels que la durée et la fréquence de vos régimes, ainsi que des quantités de caféine que vous consommez et des niveaux de stress que vous subissez.

calories consommées **2000**

calories consommées **2000**

surplus de calories **250**

BAISSE DU POINT D'ÉQUILIBRE À 1 750

calories consommées **1750**

calories dépensées **1750**

calories dépensées **1750**

calories dépensées **1750**

Pensez différemment
Portions proportionnées

Pour ceux qui suivent un régime à long terme, ou même pour ceux qui se mettent au régime pour la première fois, une question se pose immanquablement : quelle quantité d'aliments doit-on manger ? Il subsiste toujours une crainte de trop manger, et je partage bien cette inquiétude.

Selon mon expérience, il est fréquent de constater que ceux qui suivent un régime à long terme craignent toujours de trop manger, ce qui explique l'attrait des régimes qui bannissent presque complètement certains groupes alimentaires. Avec de tels régimes, ils estiment que, même s'ils mangent trop, ils sont toujours en « sécurité » en autant qu'ils s'en tiennent aux groupes alimentaires permis.

Cette surconsommation entraîne inévitablement un sentiment de culpabilité et d'échec. Les régimes traditionnels qui restreignent ce que vous pouvez manger ne font que renforcer le scénario de ce qui est « bon » ou « mauvais », et de ce qui est « juste » et « faux » — un scénario qui, par le fait même les rend difficiles à suivre et inévitablement voués à l'échec *(voir pages 30 et 31)*.

Les associations idéales

Une fois que vous avez bien compris les mécanismes simples des 10 principes du régime du Docteur Nutrition *(voir pages 12 et 13)* et, plus important encore, vous avez pris l'habitude de manger fréquemment et de combiner les groupes alimentaires dans des proportions idéales, le risque de trop manger est presque inexistant.

LA BONNE ÉQUATION

	PETIT DÉJEUNER	COLLATION DE LA MATINÉE
RÉGIME HABITUEL Bien des gens suivent ce qui paraît être à première vue, un régime santé bien équilibré. Il n'y a rien à dire sur le choix des aliments. Par contre les proportions et l'horaire laissent à désirer, ce qui entraîne des baisses du taux de glycémie, la sécrétion d'insuline et la faim.	25%  muesli avec des fruits secs, des noix et des morceaux de poire	+0% creux du milieu de la matinée
RÉGIME DU DR NUTRITION Prendre plusieurs repas plus souvent ne signifie pas manger plus qu'avec un régime habituel, mais plutôt d'étaler la même quantité d'aliments et de manger les bons aliments au bon moment pour maintenir un apport constant d'énergie et ainsi éviter les hauts et les bas de l'insuline *(voir pages 16 et 17)*.	20% muesli avec des fruits secs et des noix (un peu moins de noix que ci-dessus)	+10%  morceaux de poire, en plus des noix retirées du petit déjeuner

Cette combinaison de rapports dans le temps sera garante que vous serez rassasié par chaque repas, y compris le goûter, et qu'ils livrent une quantité suffisante de glucose pour vous maintenir en forme d'un repas à l'autre *(voir pages 18 et 19)*. En observant les 10 principes, vous éviterez de trop manger en ne compensant pas vos «erreurs», d'avoir sauté le petit déjeuner par exemple, ou encore parce que vous prévoyez manger plus qu'il ne le faut au cours de la soirée.

Manger fréquemment

Nombreuses sont les personnes au régime qui sont effrayées à l'idée de prendre cinq repas par jour, puisqu'elles ont l'habitude de limiter leur consommation et par conséquent d'avoir faim. Cependant, le régime du Docteur Nutrition ne propose pas nécessairement de manger plus, mais plutôt de répartir les repas d'une manière

uniforme tout au long de la journée *(voir le tableau ci-dessous)*. Ainsi, votre taux de glycémie sera constant, l'énergie sera libérée progressivement et votre organisme ne franchira pas le seuil du déclenchement de la sécrétion d'insuline *(voir pages 18 et 19)*.

Servez-vous de vos mains

Vous connaissez sans doute ces régimes stricts qui dictent exactement combien de quartiers de pamplemousse et de tranches de concombre vous pouvez manger, peu importe votre taille, votre poids ou votre sexe. Le régime du Docteur Nutrition rend la chose beaucoup plus facile : au lieu de calculer chaque petit morceau de nourriture, servez-vous des mains pour définir la taille des portions *(voir l'encadré, à droite)*. Pour chaque repas, j'indique la taille de la portion de chaque groupe alimentaire, laquelle est calculée en pourcentage de la surface de vos mains *(voir l'exemple à la page 46)*.

METTRE LA MAIN À LA PÂTE

Nous pouvons tous nous servir des mains pour définir la taille des portions, peu importe qu'elles soient grandes ou petites, puisque les mains sont généralement proportionnées au reste du corps. Pour chaque repas, la taille des portions individuelles est mesurée par les mains.

DÎNER	GOÛTER	SOUPER
+35%	+0%	+40% =100%
	creux du milieu de l'après-midi	
salades de poivrons rouges avec du fromage de chèvre, de l'avocat, des feuilles de laitue et des pignons		saumon avec une purée de pois, des légumes vapeur et des pommes de terre nouvelles
+30%	+10%	+30% =100%
tel que ci-dessus, mais avec des pommes de terre : réduire la portion de fromage de chèvre et de poivrons rouges	une galette de riz avec ce qui avait été retiré de la portion de fromage de chèvre et de poivrons rouges	tel que ci-dessus, mais sans les pommes de terre nouvelles que vous avez prises au dîner

Êtes-vous un « bon » candidat ?

De nos jours, la pensée populaire, qu'elle soit consciente ou inconsciente, veut que la minceur soit le signe d'une bonne personne. Inversement, l'embonpoint est le signe que nous sommes mauvais, cupides ou sans aucune discipline. Nous appliquons ces principes à un tel point que le terme « gras » est devenu une insulte.

Le mot gras peut aussi conduire au sabordage, impliquant par là que nous sommes mauvais ou cupides.

La puissance des mots

Cette attitude a tendance à considérer notre régime en termes de mots et d'expressions telles que « bon » et « mauvais », « tricher », « rechuter », « redémarrer le lundi » — j'imagine que ces termes vous sont familiers. Je ne peux que souligner toute l'importance de bien examiner ces mots et ces expressions que vous utilisez pour vous décrire, et de la façon dont vous parlez de votre régime. Il se peut que vous soyez en train de jeter un regard négatif sur votre personne et que vous dénaturiez l'idée de nourriture et ce qu'elle représente pour vous.

Pensez à quel point il est facile de vous sentir mal lorsqu'il s'agit de régime et de choix alimentaires. Par exemple, vous pouvez vous dire « je devrais manger une pomme au milieu de la matinée. Après tout, je suis au régime, mais j'ai vraiment envie de quelque chose d'autre ». Cependant, étant donné que vous êtes au régime, vous êtes contrariés. Quelques minutes plus tard, vous pensez « tiens, je vais prendre des raisins, c'est un fruit, donc c'est sain ». Un peu plus tard, il se peut que vous songiez « je vais prendre les raisins enrobés de yogourt. Après tout, le yogourt est bon pour moi, n'est ce pas ? ». En fait, vous avez choisi un aliment sucré qui se fait passer pour une collation. Ainsi, vous « démolissez » votre régime et à la suite d'un processus de contrariétés et d'indulgences, le sentiment de « culpabilité » s'installe et vous pensez que vous avez complètement détruit votre régime pour la journée, donc autant manger « normalement » et se remettre au « régime » dès le lendemain.

Si vous suivez le régime du Docteur Nutrition, et que vous mangez au bon moment et dans les proportions idéales, vous pouvez alors vous dégager de la contrainte du régime, et laisser pour compte ce langage qui l'entoure, une bonne fois pour toutes.

Une autre tranche de culpabilité

L'exercice est un autre domaine où l'échec vous guette. Souvent, ceux qui démarrent un régime galvanisent leurs forces pour se rendre au gym. De sorte qu'avec des régimes irréalistes et insoutenables, nous tentons de maintenir des programmes d'exercice qui sont tout aussi peu réalistes. Cependant, les réalités quotidiennes s'imposent et les exigences du travail et de la vie familiale finissent par prendre le pas sur le temps réservé à l'exercice, tout comme ils grugent sur le temps que vous mettez de côté pour préparer les repas. C'est alors que vous retournez à vos anciens schèmes alimentaires et faites une croix sur les visites au gymnase. Ainsi, une autre situation se profile, où vous risquez de vous retrouver tout à fait en situation « d'échec ».

La règle des 80 : 20

Un des 10 principes que j'ai établi et que personne n'a de mal à retenir, c'est la règle des 80 : 20. Tant que vous suivez le régime du Docteur Nutrition à 80 pour cent, vous pouvez vous en écarter à 20 pour cent. Ce principe tient compte des réalités de ce monde et reconnaît qu'il existe des moments où vous voulez vraiment du chocolat, par exemple. Ça ne fait pas de vous un « raté » et ne signifie pas que vous avez « démoli » votre régime. Ça fait partie de la réalité, recommencez à partir de là et continuez à suivre le régime du Docteur Nutrition dès votre prochain repas. Comme le programme n'est pas un « régime », vous ne faites pas de « rechute » : c'est un programme alimentaire pour la vie, il est toujours présent dans les coulisses pour vous aider à faire de bons choix alimentaires.

Sur la bonne voie

Beaucoup d'entre nous s'efforcent d'être « bons » et de garder le cap. Nous avons accumulé quelques pointes de sagesse au cours de ces années de régime et nous avons tendance à nous sentir « bien » si nous les observons. Malheureusement, il s'agit souvent de mythes (*voir ci-contre*) qui ne feront que saborder vos tentatives de perdre du poids, en ouvrant la voie à d'autres frustrations ainsi qu'à des aliments réconfortants si le cycle de vos régimes est particulièrement ardu.

À moins que le **brocoli** vous donne les mêmes envies, la théorie d'un besoin en magnésium n'est pas une **excuse** valable pour **manger du chocolat**.

«Je mange beaucoup de fruits»

Les fruits frais sont une excellente source de fibres, de jus, de minéraux et de vitamines, comprenant les antioxydants essentiels. Cependant, n'oubliez pas qu'ils sont riches en fructose, un sucre qui a par contre un IG relativement faible. Essayez de contrôler votre consommation de fruits, surtout de fruits à chair tendre, et contrez toute carence possible en vous assurant de manger beaucoup de légumes frais.

«Je ne mange jamais d'œufs»

La forte teneur en cholestérol des œufs en effraie plus d'un. Cependant, les œufs sont un aliment protéinique complet et, lorsqu'ils sont pochés, brouillés ou à la coque, ils accompagnent merveilleusement bien les glucides complexes. Le gras présent dans les œufs est faible en gras saturés, ce qui en fait du «bon» gras. Dans l'ensemble, les œufs s'intègrent bien au régime du Docteur Nutrition et sont tout particulièrement polyvalents.

«J'ai une envie insatiable de chocolat seulement quand je souffre du SPM»

Il existe une théorie qui veut que les femmes aient une envie insatiable d'aliments riches en magnésium, du chocolat par exemple, pour soulager les symptômes du SPM. Cependant, les légumes verts ont aussi une forte teneur en magnésium, donc à moins que vous ayez aussi une envie insatiable de brocoli, cette théorie semble peu valable. Les envies de sucre peuvent être réduites au minimum en suivant les 10 principes.

«Je ne mange qu'une salade au dîner»

Toutes les salades ne se ressemblent pas, et la salade classique de ceux qui sont au régime, habituellement composée de laitue, de tomate et de concombre, ne livre pas un apport suffisant de nutriments. C'est en fait un repas très faible en calories qui manque de protéines. Comme nous le savons, vous avez besoin de plus de carburant pour maintenir un taux de métabolisme adéquat et d'éviter ainsi qu'il ne chute sous le point d'équilibre *(voir pages 24 à 27)*.

«J'adore le jus de fruit»

Bien des candidats au régime estiment que le jus de fruit favorise la perte de poids. Si vous faites votre propre jus, vous aurez sans doute remarqué la quantité de fibres que vous jetez à la poubelle. Ces fibres sont toute aussi importantes que le jus lui-même, et de ne pas en profiter ne cadre pas avec mon régime. Si vous buvez du jus, assurez-vous d'en prendre en complément à votre apport quotidien en fibres (c'est-à-dire des légumes et des grains entiers). Ne remplacez pas les repas principaux par des smoothies ou des jus — cela ne vous fera pas perdre plus de poids.

«J'ai hérité ma gourmandise pour les sucreries de mes parents»

Il va sans dire que certains d'entre nous préfèrent les aliments sucrés à ceux qui sont salés. Cependant le penchant pour les sucreries n'est pas héréditaire. Il y a fort à parier que cette gourmandise est plutôt le résultat d'habitude et d'éducation qu'un phénomène génétique. En respectant les 10 principes, votre taux de glycémie sera stable, et vous aurez moins souvent tendance à faire des excès de friandises.

«Je ne bois que du café noir sans sucre»

Se priver de sucre peut paraître honorable, cependant le café pose un autre problème : sa teneur en caféine. La caféine est l'ennemi juré de ceux qui sont au régime : elle encourage l'élévation du taux de glycémie, ce qui a un effet sur le métabolisme en plus de déclencher la sécrétion d'insuline. Et comme nous le savons, il en résulte un stockage plus important de gras *(voir page 23)*.

«Je choisis toujours du vin rouge»

La plupart des vins rouges ont une forte teneur en nutriments bénéfiques pour le cœur, ils sont donc en principe un «bon» choix pour ceux qui sont au régime. Cependant, l'alcool a un IG élevé et se transforme en glucose plutôt rapidement, donc n'en consommez qu'aux repas, pas avant. D'en boire un ou deux verres trois fois par semaine est agréable, en plus d'être conforme au régime du Docteur Nutrition *(voir page 145)*.

«Les aliments à tartiner sont plus sains que le beurre»

Dans la plupart des régimes, le beurre fait figure de vilain alors que les aliments à tartiner sont les héros. Par contre, certains aliments à tartiner sont plus sains que d'autre — comment identifier ceux qui sont «bons»? Alors que plusieurs d'entre eux sont acceptables, certains sont très artificiels. Je préfère le beurre avant tout, du beurre ordinaire, en modération bien sûr, et non-salé autant que possible. Son goût est agréable et il ne va pas trop à l'encontre du régime du Docteur Nutrition.

Ne comptez pas les calories

Faites-vous partie de ceux qui jugent tous les aliments -sans même s'en rendre compte et en fonction de leur valeur calorifique ? Si vous ne pensez aux aliments qu'en termes de calories et que vous fondez vos choix alimentaires uniquement sur leur teneur en calories, il se peut que vous ne faites pas des choix santé.

La méthode de s'alimenter en comptant les calories ne tient pas compte de la véritable valeur des aliments. Bien que je n'ignore pas totalement leur contenu calorifique, j'estime que leur valeur représente bien plus que les calories qu'ils contiennent. À ma clinique, j'ai eu l'occasion de travailler avec plusieurs clients qui pouvaient réciter de mémoire la teneur en calories de tous les aliments. Tous leurs choix alimentaires étaient fondés sur ces calculs. Or j'estime que cela soulève deux questions importantes : leur rapport avec la nourriture et leurs critères pour bien l'évaluer *(voir aussi aux pages 42 et 43)*.

Des rapports malsains

Tout d'abord, la nourriture peut devenir une obsession. Qu'est-ce que je devrais manger aujourd'hui ? Est-ce que j'ai consommé trop de calories ? Est-ce que je devrais en réserver pour plus tard ? Si ce portrait vous est familier, posez-vous les questions suivantes : comment cette attitude m'a-t-elle servie jusqu'à maintenant ? Est-ce que j'ai atteint le poids souhaité, ou est-ce une lutte à n'en plus finir ? Est-ce que je fais des écarts de temps en temps en mangeant une glace ou une pizza pour me faire plaisir, et ensuite me sentir coupable d'avoir perdu le contrôle de mes impulsions ? Si oui, quel en est le résultat ? Selon mon expérience, vous éprouvez probablement un sentiment d'échec, et rien n'est plus

susceptible de vous ramener à de mauvais choix alimentaires que de perdre confiance en vous *(voir pages 30 et 31)*.

Ensuite, nous devons résoudre le problème posé par les repas préparés faibles en calories. Jetez un coup d'œil aux ingrédients d'un tel repas préparé, et vous constaterez sans doute qu'il y a des ingrédients que vous n'utiliseriez pas dans une recette, tels que l'amidon transformé, le sel et les agents de conservation. Les repas faibles en calories ont tendance à être composés d'aliments transformés et sucrés ; tout le contraire de ce que j'estime être une manière intelligente de s'alimenter.

La valeur réelle des aliments

Le décompte des calories est une manière de mesurer ce que vous mangez, cependant si vous faites vos choix uniquement en fonction des aliments qui vous font grossir ou maigrir, il s'en suit – pour ne pas mâcher les mots – que vous ayez déjà perdu le fil des évènements. Les aliments qui sont bons pour vous, qui favorisent la digestion et qui maintiennent l'organisme dans un état de marche optimal ne sont pas nécessairement ceux qui sont faibles en calories. Cela ne veut pas dire qu'il faut ignorer les valeurs calorifiques, mais qu'il faut plutôt les intégrer parmi les nombreux facteurs qui influencent ce que vous choisissez de manger, au lieu d'en faire le critère primordial ou le plus important.

Voici un exemple. Si vous ne pensez qu'aux calories, vous choisirez probablement pour votre petit déjeuner des céréales faibles en calories avec du lait écrémé, un café noir et un jus. Cependant, tous ces aliments sont remarquablement faibles en fibres et en protéines, tout en étant riches en glucides simples. Ils seront rapidement transformés en glucose. Étant donné qu'ils ne livrent de l'énergie qu'à court terme, il est fort probable que vous aurez encore faim avant le souper. Vous passerez sans doute le reste de la matinée à vous empêcher de manger, ou à vous en vouloir d'avoir faim (« Qu'est-ce qui ne va pas ? », « Pourquoi est-ce que je n'arrive pas à me contrôler alors qu'il ne reste que quelques heures avant le souper ? »). Si vous aviez renoncé à compter les calories et pris un petit déjeuner comprenant des fibres et des protéines, par exemple du muesli avec des noix et des graines, ou même du beurre d'arachide sur du pain grillé, les aliments se seraient transformés en glucose moins rapidement et auraient livré plus d'énergie, plus longtemps, évitant ainsi la sensation de faim et le dilemme courant du milieu de la matinée. Autrement dit, savoir quand vous pourrez manger à nouveau ou pas.

Mon conseil : évitez de penser aux calories et choisissez les aliments en fonction d'un mode d'alimentation qui est plus satisfaisant à long terme. Avec le temps, cela deviendra un réflexe automatique (tout comme l'était le calcul des calories auparavant). Vous serez alors en mesure d'évaluer les aliments en fonction de leur goût, de leur texture, et ce qui est encore plus important, en termes de leur valeur nutritive. Laissez les aliments travailler en votre faveur, n'en soyez pas l'esclave.

Les **aliments santé** ne sont pas nécessairement **faibles en calories**, bien que nous ayons souvent tendance à définir ainsi la **valeur** de ce que nous **mangeons**.

Calories versus nutriments

Si vous comptez les calories depuis un moment, vous n'avez probablement pas mangé d'avocat depuis longtemps, puisque c'est un aliment riche en calories. Mais ce calcul ne tient pas compte de sa valeur nutritive. Une personne qui suit un régime faible en calories préfère sans doute une boisson-diète qui affiche zéro calories, et zéro nutriments *(voir ci-dessous)*.

Les personnes au régime qui comptent les calories peuvent tomber dans le piège qui consiste à voir les aliments uniquement en termes du total de leurs calories, et d'en ignorer la valeur nutritive. Cela donne lieu à de mauvais choix alimentaires. Par exemple, un poisson gras qui est rempli de gras essentiels et de vitamines serait écarté au profit d'une « dépense » de calories sur des aliments dont le contenu calorifique est moins élevé.

Boisson-diète
Bien que la boisson-diète n'ait pas de calories, elle est également « vide » de toute valeur nutritive. De plus, elle contient probablement des agents de conservation et de la caféine.

énergie 0,4kcal
protéines 0g
fibres 0g

Avocat
Les calories d'un avocat proviennent de ses gras mono insaturés, lesquels assurent le bon fonctionnement de l'organisme. L'avocat renferme également d'autres nutriments tels que du potassium et des vitamines A, E et B6, ce qui en fait un aliment chargé de calories « nutritives ».

énergie 340kcal
protéines 4,8g
fibres 16,2g

Contrer les tensions

L'une des principales difficultés auxquelles nous faisons face en suivant un régime amaigrissant, c'est de s'y astreindre tout en composant avec les tensions et les plaisirs que nous procure la vie quotidienne : les repas pris en famille à la maison, par exemple, ou les exigences du travail et la vie sociale avec les amis.

La perte de poids est une question émotive, à la fois pour vous et pour vos proches, et il va sans dire que certains d'entre eux auront certainement des idées bien arrêtées sur ce que vous entreprenez. J'ai souvent entendu des clients me raconter que leurs amis ou les membres de leur famille avaient tenus des propos cyniques à l'égard du fait qu'ils entreprenaient encore un autre régime, ou, pire encore, leur donner des tas de conseils sur comment ils « devaient » manger. Cette dernière réaction provient généralement d'individus qui estiment que si quelque chose a bien fonctionné pour eux (ou pour un ami, leur mère, leur cousin), il en sera de même pour vous et vous devez suivre leur régime plutôt que celui que vous avez choisi.

Ayez confiance en vous

C'est important que de bien gérer ces contraintes exercées par les pairs. Les amis et les parents doivent comprendre que vous avez terminé la première étape du régime et que vos nouvelles habitudes alimentaires tiennent compte de votre bonne santé d'une manière générale, de concert avec le maintien du poids perdu.

Les gens autour de vous peuvent essayer de saper votre volonté avec des aliments que vous préférez éviter, tout en vous disant « Vous le méritez bien » ou « Je l'ai fait spécialement pour vous », ou même « Vous avez bien suivi votre régime, vous pouvez bien vous permettre une petite gourmandise ». Vous devez être bien conscient que de tels commentaires ne sont pas à votre avantage et vous devez apprendre à y devenir immunisé.

Le régime du Docteur Nutrition est conçu pour vous inciter à des réflexes automatiques dans le choix d'aliments qui favorisent la perte de poids et la bonne santé d'une manière générale, et ce sans effort et en toute convivialité. Vous pouvez le suivre seul, avec des amis, en famille ou en groupe.

Recruter les autres membres de la famille

Les principes du régime du Docteur Nutrition (voir pages 12 et 13) peuvent être suivis par tous les membres de votre famille. Les recettes ne sont pas composées à partir d'aliments « diète », donc votre famille n'aura pas à manger des repas faibles en calories ou peu appétissants. Si vous les préparez en suivant les proportions idéales recommandées pour les protéines et les glucides complexes, et que vous mangez selon l'horaire préconisé, les membres de votre famille se feront un plaisir de partager votre repas.

Mon régime alimentaire encourage des niveaux d'énergie concentrés et constants, ce qui le rend idéal pour les enfants. Je ne conseille pas aux enfants de suivre mon régime 7 jours pour maigrir (publié précédemment) mais ils peuvent suivre les 10 principes du régime du Docteur Nutrition, bien que pour les jeunes de moins de 16 ans je recommande 25 à 30 pour cent de protéines par portion, plutôt que les 40 pour cent préconisés pour les adultes.

Au sujet des enfants, ne laissez pas les membres de votre famille devenir une excuse pour justifier « l'échec » de votre régime. Par exemple, si vos enfants choisissent de ne pas terminer leur assiette, résistez à la tentation de la terminer à leur place. Vous éviterez ainsi le sentiment de culpabilité qui risque de suivre *(voir pages 30 et 31)*. Par contre, si vous composez des plats qui combinent les protéines et les glucides complexes, n'hésitez pas à en manger un peu plus ou à réserver les restes pour une collation. Cela peut paraître évident, mais c'est efficace et, pour autant que vous ne mangiez pas trop tard en soirée ou que vous ayez déjà pris votre collation, c'est tout à fait conforme aux principes du Docteur Nutrition.

En dernier recours

Vous êtes maintenant au courant de la règle des 80 : 20 *(voir pages 12 et 13)*. Ce principe vous permet de suivre le régime du Docteur Nutrition après avoir commis une « bévue », sans avoir à vous sentir coupable ni à éprouver les émotions négatives reliées à la plupart des autres régimes.

Et soyez sourd aux excuses habituelles. Vous trouverez à la page suivante quelques-uns des commentaires que vous avez pu entendre au cours de votre régime, ou des excuses que vous avez vous-même formulées, ainsi que des solutions qui vous aideront à surmonter ces obstacles à l'avenir.

Le régime du **Docteur Nutrition** doit devenir comme une **seconde nature** pour vous guider automatiquement vers le **bon choix alimentaire.**

« Je l'ai fait spécialement pour toi »

Hum ! C'est une situation délicate, surtout si c'est votre partenaire qui l'a concocté amoureusement, ou encore votre mère ou votre enfant. Si vous êtes en mesure « d'adapter » ce qui vous est offert en respectant les 10 principes, faites-le ; sinon, suivez la règle des 80 : 20 et poursuivez le régime du Docteur Nutrition dès le prochain repas. Et essayez de faire quelques insinuations subtiles pour que cela ne se reproduise pas...

« Vous avez bien suivi votre régime, vous pouvez bien vous permettre une petite gourmandise »

Parfois, les amis et la famille peuvent vouloir vous encourager sans se rendre compte qu'en fait, ils sabotent votre régime. Rappelez-vous que vous n'êtes pas au « régime » mais que vous suivez un programme alimentaire pour la vie et que rien n'est interdit, évitez donc de trop vous en faire. Cependant, assurez-vous autant que possible que les « gourmandises » soient liées à des plaisirs autres qu'alimentaires, par exemple, un soin du visage.

« Mais vous êtes en vacances... »

Et alors ? Les pays étrangers ont des cuisines différentes, mais elles sont toutes fondées sur les mêmes groupes alimentaires, et vous serez facilement en mesure d'adhérer au régime du Docteur Nutrition pendant les vacances. De plus, lorsque vous aurez pris l'habitude de suivre les 10 principes, vous n'éprouverez pas de sensation de privation ou d'interdit au sujet des aliments, et il n'y a pas lieu de prendre des « vacances » loin de votre régime.

« Je n'ai pas le temps de cuisiner des plats différents pour ma famille »

À moins de suivre le régime 7 jours pour maigrir, qui n'est pas conseillé aux enfants, il n'y a pas lieu de cuisiner des plats différents pour votre famille. Toutes les recettes du régime quotidien conviennent aux enfants et vous n'avez donc pas à vous en inquiéter. Il suffit de donner un pourcentage légèrement moins élevé de protéines (25 à 30 pour cent) aux enfants de moins de 16 ans.

« Ma famille ne veut pas être au régime ! »

Les membres de votre famille n'ont pas besoin de savoir qu'ils suivent votre régime. Étudiez bien les menus proposés dans ce livre. Est-ce que votre famille pourrait penser que vous leur servez des « repas minceur » ? Comme vous le savez, le programme du Docteur Nutrition n'est pas un régime, c'est un programme alimentaire santé sans date limite, vous pouvez donc préparer tous les repas en suivant les 10 principes.

« Mon conjoint aime bien manger au restaurant »

Et qui n'aime pas ça ? Les repas pris au restaurent ne sont pas nécessairement un sac d'embrouilles pour ceux qui sont au régime. Dans le cadre du régime quotidien, il y a une foule de stratégies pour vous aider à suivre les 10 principes lorsque vous mangez au restaurant *(voir pages 144 à 147)*. Si vous n'arrivez pas à contrôler la situation, il y a toujours la règle des 80 : 20. Ce qui importe, c'est de continuer à manger sainement après votre sortie.

« Je n'ai pas le temps de faire les courses et de bien cuisiner »

Avec un minimum de préparation, vous arriverez à déjouer facilement les questions de temps. Les recettes du régime quotidien sont très simples et exigent pour la plupart moins de 20 minutes de préparation. Il existe également de nombreuses stratégies qui vous feront gagner du temps, telles que de planifier à l'avance, de bien organiser les courses, de préparer des repas minute et de faire plusieurs fournées à la fois *(voir pages 36 et 37)*.

« C'est plus facile de sauter quelques repas »

Vous pensez peut être qu'en sautant des repas, surtout le petit déjeuner et le dîner, et lorsque vous êtes seul, vous perdrez quelques kilos sans effort. Malheureusement, toute perte de poids réalisée de cette manière sera de courte durée, car ce n'est pas une bonne façon de s'alimenter, et vous accumulerez des problèmes qui auront tôt ou tard des répercussions sur votre santé *(voir pages 24 à 27)*.

« Je mange souvent à l'extérieur dans le cadre de mon travail »

Le régime du Docteur Nutrition compose très bien avec ce genre de situation. En général, je trouve toujours quelque chose au menu qui s'intègre bien au profil du groupe alimentaire, et je peux me servir de mes mains pour mesurer les portions *(voir pages 28 et 29)*. N'hésitez pas à demander au serveur d'apporter quelques modifications au menu et ayez recours à la règle des 80 : 20 au besoin *(voir aussi aux pages 144 à 147)*.

Le temps n'est pas une excuse

Comme vous le savez déjà, la plupart des repas et des collations préparés proposés commerciale-ment ne sont pas conformes au régime du Docteur Nutrition. Il existe de nombreuses façons de préparer vous-même vos propres repas minute qui répondent à tous les critères mis de l'avant par le Régime quotidien.

L'une des raisons principales qui empê-che bien des gens de suivre un régime, c'est le manque de temps – la raison pour laquelle ils achètent des repas pré-parés en premier lieu. Cependant, les repas préparés sont rarement santé car ils contiennent trop de gras, de sel ou de sucre. Avec le régime du Docteur Nutri-tion, vous préparez vos repas avec un minimum d'effort.

Planifier à l'avance

C'est plus facile que vous ne le pensez. Au fur et à mesure que vous comprendrez bien les principes du Docteur Nutrition (*voir aux pages 12 et 13*), vous saurez les mettre en pratique plus facilement. La clé de la réussite, c'est d'avoir tous les éléments sous la main : vous aurez besoin d'un garde-manger bien garni et vous devrez garder l'œil ouvert pour choisir des aliments préparés qui conviennent au Régime quotidien. La planification sera facilitée par la liste d'épicerie que je vous ai préparée (*voir pages 44 et 45*), et vous saurez trouver l'inspiration dans les menus suggérés faciles et rapides à exécuter qui sont présentées tout au long de ce livre.

Le choix des aliments peut être aussi farfelu que vous le voulez, en autant que le rapport entre les protéines et les gluci-des complexes soit juste (*voir pages 46, 60, 70, 73*).

Quelques raccourcis

Si vous êtes trop occupé pour préparer le souper, ou que vous n'avez pas le temps ni l'énergie de cuisiner lorsque vous arrivez à la maison après le travail, plutôt que d'avoir recours aux pâtes, faites plutôt quelques expériences avec des restes (*voir ci-contre*), ou composez un repas rapide à partir de ce que vous avez au congélateur ou au garde-manger. Si vous n'avez pas le temps de faire les courses, vous trouverez ici plusieurs recettes qui exigent un mini-mum de préparation et qui peuvent être assemblées à partir d'ingrédients que vous avez probablement déjà sous la main (*voir aux pages 134 à 143*).

Le congélateur est un outil pratique pour les personnes actives qui sont au régime. Les crevettes, les pois, les maïs nains, les gourganes, les haricots verts et le poisson se congèlent bien et peuvent être servis rapidement, en sauté, lorsque le temps presse (*voir aux pages 108 et 109 pour des suggestions de recettes*).

Plusieurs de mes recettes, la ratatouille par exemple (*voir page 96*), et les soupes, peuvent être préparées en quantité et pla-cées au congélateur en portions individuel-les de «repas préparés» faits maison. Les recettes de sauces se prêtent également à cette stratégie (*voir pages 94, 95 et 143*). En fait, ajoutez une petite boîte de fèves à la sauce tomate, réchauffez et servez sur du pain grillé complet pour un «repas minu-te» classique de fèves sur du pain grillé.

Les soupes préparées prêtes à servir sont un autre choix intéressant lorsque vous manquez de temps, mais n'oubliez pas de vérifier les ingrédients pour vous assurer qu'il n'y ait pas «d'extras» dissimu-lés. De préférence, optez pour une soupe à base de légumes plutôt qu'à la crème, ajou-tez quelques protéines de votre choix, des morceaux de poisson, des pois chiches, des tranches de poulet ou des crevettes, par exemple, et vous aurez un repas satisfaisant et pratiquement instantané, conforme aux principes du Régime quotidien.

Par ailleurs, les feuilles de laitue prê-tes à manger sont une façon pratique de gagner du temps, surtout si vous avez une réserve de vinaigrette maison (*voir pages 114 et 115*). Achetez un poulet cuit en accompagnement et vous avez un repas pratique et sans cuisson qui exige peu de temps ni d'effort tout en étant conforme au régime.

Si un sandwich est votre seule option pour le dîner, optez pour un sandwich de pain brun avec une garniture protéinique de thon par exemple, puis retirez une tranche de pain de chaque moitié et assemblez ce qui reste en deux pour en faire un sandwich à double ration de garniture. Si vous choisissez un sandwich sur baguette, retirez la moitié supérieure de la baguette pour en faire un canapé (*voir pages 82 et 83*). Vous aurez ainsi le meilleur rapport entre la garniture protéi-nique santé et ce qui reste du pain.

En résumé, en planifiant un peu à l'avance et en vous assurant d'avoir un réfrigérateur, un congélateur et un garde-manger bien garnis, la préparation des repas et des collations du Régime quoti-dien se fait rapidement. Le manque de temps n'excuse rien.

Si vous prenez le temps de **planifier à l'avance**, bien des repas et des collations du **Docteur Nutri-tion** peuvent être pratiquement «**instantanés**».

Les restants pour gagner du temps

Presque toutes les recettes de ce livre, ainsi que celles de *7 jours pour maigrir*, peuvent être servies froides le lendemain. Ces restants font des collations santé et instantanées, ou encore vous pouvez les intégrer à un autre délicieux plat principal.

Les restants de poulet et de viande

Coupez le poulet et la viande en dés ou en lanières fines, et combinez-les avec des légumes frais, des tomates ou un concombre en dés par exemple, ou des tomates séchées au soleil et hachées avec des olives si vous devez avoir recours à ce qui se trouve au garde-manger. Ajoutez quelques fines herbes et enrobez le tout d'une vinaigrette *(voir pages 114 et 115)*. Parmi les modes d'emploi possibles :

- une garniture santé sur des biscottes
- un plat protéinique intéressant, augmenté de quelques feuilles de laitue et de légumes crus
- pour ajouter des protéines essentielles à votre plat de pâtes ou de couscous du midi

Les restants de poisson

Passez le poisson froid au mélangeur, ajoutez 2 à 3 cuillérées à soupe de yogourt nature fermenté, une cuillérée à thé d'huile d'olive ou de noix de Grenoble et quelques brins d'aneth frais. Agitez brièvement pour obtenir une pâte épaisse. Prenez garde de ne pas agiter trop longtemps, sinon le mélange sera trop liquide. Faites quelques essais avec d'autres fines herbes et variez la consistance en fonction de votre goût. Je vous conseille d'expérimenter avec d'autres herbes, des grains de poivre, des baies de genièvre ou du safran. Voici quelques suggestions :

- comme garniture sur des biscottes pour une collation
- sur du pain intégral grillé pour le dîner
- comme garniture avec une petite pomme de terre cuite au four pour le dîner
- pour une délicieuse trempette avec des crudités
- comme garniture pour farcir une tomate, un avocat ou un poivron doux
- avec des feuilles de laitue, en roulade dans une crêpe au sarrasin *(voir page 104)*

Les repas au quotidien

Nous vous présentons ici tous les outils essentiels pour faire les bons choix alimentaires quelle que soit la situation : au travail, à la maison, lorsque vous êtes pressé, au restaurant avec des amis, au petit déjeuner, au dîner, au souper et pour les collations. Avec un choix de plus de 100 recettes, ainsi que de nombreuses suggestions et leurs variantes, vous serez facilement en mesure de mettre en pratique *Le régime quotidien*.

Acheter les bons aliments

Il y a tellement d'étiquettes ambiguës et tellement d'emballages astucieux, tous destinés à renforcer votre félicité sur l'excellence de vos choix. Cependant, sont-ils vraiment capables de maintenir votre poids ou de vous en faire perdre ? Voici mes conseils pour affronter le dilemme de l'acheteur.

Cela ne fait aucun doute : préparer ses repas à partir d'aliments simples constitue la façon la plus sûre qu'il n'y aura pas « d'extras dissimulés » dans ce que vous mangez. Cependant, les réalités de ce monde sont telles que nous sommes souvent à court de temps et que nous recherchons souvent des solutions de rechange pratiques, surtout si elles nous promettent une perte de poids en prime. C'est là que nous tombons dans le piège du consommateur et que nous risquons de faire de mauvais choix alimentaires.

Toujours lire l'étiquette

Lorsque vous commencez le régime du Docteur Nutrition, prenez le temps de bien faire les courses et d'examiner les aliments que vous achetez habituellement. Vérifiez les étiquettes, la teneur en glucides, en gras et en sucre. Soyez à l'affût des amidons modifiés et des fortes teneurs en sel. Évitez le sucre sous les nombreuses formes sous lesquelles il se camoufle en toute innocence, sous des appellations telles que sorbitol, extrait de malt ou sirop de maïs. Il existe plus de 16 termes différentes pour désigner le sucre *(voir page 20)*, et c'est la même chose pour le gras.

Être à court de **temps** pour faire les courses ou la cuisine ne **doit pas** se traduire par un manque de **bons aliments.**

Le truc, c'est de bien identifier les gras essentiels et sains dérivés de sources telles que les graines, les noix, les végétaux et les poissons gras, et d'éviter les gras trans et saturés (souvent énumérés sous le nom d'huile végétale hydrogénée ou partiellement hydrogénée).

L'industrie alimentaire essaie de rendre ses produits alléchants en prétendant qu'ils sont « réduits en gras », « faibles en gras » ou « allégés », des mots que l'on retrouve parsemés un peu partout pour vous inciter à acheter ces produits, qu'il s'agisse d'un repas préparé ou d'un simple pot de yogourt. En réalité, une grande partie de ces prétentions ne sont pas légiférées. Ces produits ne contiennent pas nécessairement moins de calories, ni des ingrédients plus « santé ». Dans de nombreux cas, lorsqu'il y a moins de gras, il y a plus de sucre afin d'améliorer le goût et la consistance.

Étant donné qu'un de mes 10 principes *(voir pages 12 et 13)* consiste à éviter le sucre, les aliments qui portent l'étiquette « sans sucre ajouté » pourraient paraître tentants. Encore une fois, méfiez vous, car cela signifie simplement qu'aucun sucre n'a été ajouté en tant qu'ingrédient supplémentaire : cela ne veut pas dire que le produit soit sans sucre.

L'industrie alimentaire

Comment en sommes-nous arrivés là ? Pourquoi tous ces trucs et toutes ces étiquettes trompeuses ? La responsabilité se trouve partagée à parts égales entre l'industrie alimentaire et nos propres exigences. Je sais bien que les producteurs alimentaires sont soumis à la critique et j'estime que les raisons en sont généralement justifiées. Cependant, comme toute entreprise commerciale, ils ont le droit de faire un profit et de diriger leurs affaires afin de réduire leurs coûts et d'optimiser leurs profits. Il s'agit souvent de compagnies publiques qui se doivent de réussir pour leurs actionnaires. Ainsi proposent-ils des aliments « vendeurs », auxquels ils donnent autant que possible un goût riche (ce qui peut signifier un ajout de sel, de sucre ou de tout autre additif) et se servent d'ingrédients qui sont disponibles en tout temps et qui ont une « valeur ajoutée ». Cela signifie par exemple qu'une simple pomme de terre qui ne vaut que quelques sous, une fois finement découpée et frite dans l'huile, puis saupoudrée d'un peu de sel et conditionnée dans un sac de papier aluminium brillamment coloré, cette même pomme de terre devient alors une croustille dont la valeur est bien supérieure au coût d'origine. Ajoutez quelques publicités frappantes, et tout d'un coup cette pomme de terre peut se vendre à prix d'or.

C'est la même chose pour les grains de maïs qui deviennent des céréales pour le petit déjeuner, les noix rôties enrobées de miel, les recettes toutes simples de repas qui deviennent des repas préparés vendus à prix fort (avec l'instruction de « bien percer la pellicule plusieurs fois et de veiller à ce que le produit soit chaud avant de servir »), ou des fruits qui sont transformés en jus, mélangés à du yogourt et qui deviennent des smoothies. Étant donné les marges de profits plus élevées, les fabricants d'aliments peuvent se permettre un gros budget publicitaire, souvent appuyé par les recommandations de personnalités bien en vue qui affirment que seul leur produit vous fera perdre du poids, ou qu'il est une solution formidable pour un petit déjeuner cuisiné pour ceux qui n'ont pas le temps, ou ne le prennent pas, de le préparer.

C'est ainsi que les principaux intervenants de l'industrie alimentaire ont exercé une influence extraordinaire sur notre jugement. Ils ont au fil des ans déformé la vérité en nous laissant croire que des expressions telles que «faible en gras» sur un emballage pouvait nous faire croire que nous serions moins gros, ou prétendre qu'une boisson gazeuse avec de la caféine et du sucre artificiel méritait l'appellation de «diète» dans sa désinence. Malgré tout, ils ne faisaient qu'agir suivant notre volonté puisque notre désir se portait sur des aliments qui nous garderaient en santé, qui seraient riches, satisfaisants et amaigrissants, ne réclamant que quelques secondes de temps de préparation, sans effort ni réflexion de notre part. Ce qui n'est pas une tâche de tout repos.

On ne peut sous estimer notre propre participation dans cette industrie alimentaire. Nos attitudes sont contradictoires. Nous voulons non seulement que les aliments soient bon marché et disponibles en tout temps, nous les voulons aussi santé. Cependant nous sommes prêts à payer plus pour des aliments à valeur ajoutée, contenant des gras, des sucres et du sel, parce nous sommes trop occupés pour faire la cuisine. Les alertes alimentaires nous remplissent d'indignation, cependant les attentes considérables que nous avons de l'industrie alimentaire provoquent une perte de qualité presque inévitable.

Une question de temps

Le facteur temps est tout particulièrement significatif lorsqu'il s'agit de perdre du poids. J'admets que nous sommes tous très occupés et que les contraintes de la vie quotidienne nous apportent des pressions permanentes. Cependant il arrive souvent que ceux qui viennent me consulter pour perdre du poids ont pour habitude de consommer, comme aliments de base, des aliments préparés. Les collations faibles en gras et les repas préparés leur accordent le temps de se consacrer à d'autres occupations. La vie quotidienne est tellement bien remplie et il y a tant à faire à part de se soucier de la nourriture qu'il est facile de comprendre la tentation de croire ce qui est inscrit sur l'emballage, de prendre des raccourcis et d'opter pour la facilité. Cependant, d'avoir recours à tous ces aliments transformés n'est pas la réponse : seule une alimentation équilibrée peut être la bonne solution.

Je suis fermement convaincu que si nous sommes capables d'acquérir les principes d'une bonne alimentation santé, nous pouvons alors commencer à jouir d'une bonne alimentation. Si nous considérons l'alimentation comme une priorité, et que nous consacrons le temps nécessaire à la préparation et à la cuisson, nos choix n'en seront que meilleurs pour ce qui est de leur incidence sur notre poids et notre santé d'une manière générale. Il n'y a pas lieu de modifier votre manière de vivre (une grande partie des recettes proposées ici se préparent en 10 minutes). Il s'agit tout simplement de veiller à ce que votre attitude envers les aliments soit plus saine, de planifier vos achats et de garder à l'esprit les 10 principes en question lorsque vous préparez les repas. Le manque ne temps ne doit pas se traduire par un manque de bons aliments *(voir aussi pages 36 et 37)*.

À VOUS DE CHOISIR

La volonté et la motivation, c'est bien bon, mais de choisir les bons aliments est une tâche qui peut décourager même les plus décidés. Voici quelques conseils pour vous faciliter l'achat des aliments :

- Vous avez tous entendu parler du vieux dicton qui conseille de ne pas faire les courses quand on a faim. C'est une excellente règle. Si vous pouvez éviter de faire les courses l'estomac vide, ce sera d'autant plus facile de faire les bons choix.

- Si vous connaissez bien le plan d'ensemble de votre supermarché, vous savez où se trouvent les biscuits et les croustilles. Évitez tout simplement de vous y rendre. Ainsi, vous ne trouverez plus de biscuits qui se sont mystérieusement rangés dans votre chariot.

- Dressez une liste avant d'entreprendre l'expédition et essayez de vous y tenir *(voir pages 44 et 45 pour la liste d'épicerie «idéale»)*, sans que cela ne vous empêche de vous intéresser à d'autres aliments. Vous pourriez songer à ajouter un nouvel aliment par semaine. Assurez-vous seulement qu'il s'agisse d'un choix santé.

- Si votre emploi du temps le permet, évitez que la recherche de victuailles ne devienne une corvée routinière. De faire vos achats chez le cultivateur, le marchand de fruits et légumes, le boucher, et ainsi de suite vous évitera le leurre des rangées remplies d'aliments sucrés et gras et de repas préparés.

Chercher et comparer

La quantité de régimes proposés est pratiquement illimitée, cependant lesquels sont vraiment
efficaces et quels en sont les effets sur la santé?
Dans notre quête d'une solution au problème de
poids, nous avons tendance à choisir des régimes qui sont en fait nuisibles à la santé.

La quantité de régimes proposés est pratiquement illimitée,
cependant lesquels sont vraiment efficaces et quels en sont
les effets sur la santé? Dans notre quête d'une solution au
problème de poids, nous avons tendance à choisir des régimes qui sont en fait nuisibles à la santé.

   Il existe un grand nombre de régimes sur le marché, dont
certains sont très difficiles à suivre et impossibles à respecter.
Certains se concentrent sur la lutte aux calories ou excluent
certains groupes alimentaires. C'est ainsi que d'entendre
parler d'un régime différent qui vous permet ces aliments
interdits peut vous faire succomber à la tentation. Tous ces
aliments dont vous vous êtes privés reviennent à l'ordre du
jour. Le problème, c'est que vous suivez encore un régime.
Cette fois-ci vous avez une liste différente d'aliments interdits. Inévitablement, au bout d'un certain temps, votre envie
se porte sur les aliments que le nouveau régime vous interdit.

   En fin de compte, j'estime que tout «régime» est destiné à
l'échec, car sa nature même prévoit un début, un milieu et une
fin, et le régime est suivi comme une solution alternative à vos
habitudes alimentaires courantes, plutôt que comme une tenta-
tive de les améliorer. Le régime du Docteur Nutrition, par contre, comprend tous les groupes alimentaires. J'aimerais vous
faire éviter les sucres, bien qu'ils ne soient pas interdits grâce à
la règle des 80 : 20 *(voir pages 12 et 13)*. L'équilibre entre les
différents groupes alimentaires signifie qu'il n'y a pas d'aliments
interdits, donc les envies insatiables seront réduites à un
minimum.

   Le problème des régimes faibles en calories et hyperprotéinés c'est qu'ils faussent notre conception de la qualité de la
nourriture qui n'est plus que la somme de sa valeur calorifique
ou de son contenu en glucides. Par exemple, les gras essentiels
dont l'organisme a besoin pour une santé optimale et pour
perdre du poids sont perçus comme étant «grossissants» et
sont évités par ceux qui suivent un régime faible en calories,
car ils préfèrent «dépenser» leurs calories en mangeant plus
d'aliments ayant une valeur nutritive inférieure. Forcés de
choisir entre quelques noix ou des biscuits faibles en calories,
leur choix se porte sur ces derniers en oubliant que les noix
leur fournissent des gras essentiels qui favorisent la perte de
poids, la bonne santé des cheveux, de la peau et des ongles,
alors que les biscuits sont truffés de sucre qui est peut-être
«faible en gras» mais qui a un IG élevé *(voir page 14)*. Une
comparaison de deux autres régimes avec celui du Docteur
Nutrition met clairement en valeur ses avantages *(voir à droite)*.

Le régime du Docteur Nutrition

OBJECTIFS

Un programme alimentaire pour la vie, sans se priver, sans avoir
faim et sans avoir à compter les calories. Aucun groupe d'aliments n'est exclu et il y a un équilibre judicieux entre les fibres,
les protéines et les glucides complexes afin d'assurer un état de
santé optimal.

RÉSULTATS

- Aucun groupe d'aliments n'étant exclu, le programme prévoit une alimentation équilibrée pour
  un état de santé optimal.

- Manger régulièrement favorise un métabolisme stable, évite les creux à l'estomac et le danger de ne
  pas choisir le bon aliment.

- La consommation de fruits et légumes est élevée,
  ce qui assure un excellent apport de fibres et
  d'antioxydants.

- C'est un mode d'alimentation pratique et réaliste
  qui fait que vous ne risquez pas de «tricher» ou
  d'avoir du mal à le suivre. C'est un programme
  pour la vie, vous n'avez donc pas à l'interrompre.

- La consommation de gras «santé» tels que les
  gras essentiels provenant du poisson, des noix et
  des graines est fortement encouragée.

Régime faible en calories

OBJECTIFS

Un régime faible en calories, basé sur la valeur en calories des aliments et fondé sur l'idée que si vous dépensez plus de calories que vous en absorbez, permet de croire que votre organisme brûlera le gras en énergie et vous perdrez du poids. Malheureusement, le corps humain est beaucoup trop compliqué pour réagir à la simple réduction de calories. Vous risquez de vous retrouver à suivre un régime de famine qui ne fera pas bouger vos kilos en trop.

RÉSULTATS

- Les aliments sont réduits à la somme de leur valeur en calories, alors que leur valeur nutritive est mise de côté *(voir pages 32 et 33)*. Cela donne lieu à des choix alimentaires malheureux, ce qui risque d'augmenter les problèmes de santé.

- Même les gras essentiels qui sont d'un intérêt vital pour le maintien d'une santé optimale et la perte de poids reçoivent la mention «grossissant» et sont écartés.

- La réduction de l'apport en aliments ralentit votre métabolisme *(voir pages 26 et 27)*, ce qui rend la perte de poids initiale difficile à maintenir.

- Dès que vous reprenez vos habitudes «normales», votre métabolisme est toujours en «mode famine» et vous reprenez plus de poids que vous n'en aviez perdu précédemment.

Régime hyperprotéiné

OBJECTIFS

Un régime hyperprotéiné a pour objectif de limiter votre apport de glucides. Il comporte en général une «phase d'induction» pendant laquelle vous ne mangez que des lipides et des protéines, alors que les glucides font leur entrée en scène un peu plus tard au cours du régime. Pendant cette phase initiale, la perte de poids est généralement importante. En pratique, nombreux sont ceux qui ne vont pas au-delà de cette phase d'induction *(voir page 18)* à cause de la perte de poids initiale, bien que celle-ci soit uniquement à court terme.

RÉSULTATS

- En restreignant la consommation de glucides, il est peu probable que vous consommiez les cinq portions de fruits et de légumes recommandées quotidiennement.

- Suivre à long terme cette phase d'induction signifie que l'apport en fibres risque d'être faible, provoquant ainsi la constipation et augmentant le risque de cancer du côlon.

- Un apport faible en antioxydants, causé par le manque de fruits et de légumes, augmente le risque de cancer, de maladies cardiovasculaires et d'arthrite.

- Le risque accru provoqué par un apport élevé de gras saturés peut donner lieu à des problèmes de cholestérol et ainsi augmenter le risque de maladies cardiovasculaires.

La liste d'épicerie idéale

Stockez les aliments suivants, ou du moins une bonne partie, dans votre garde-manger et vous serez facilement en mesure de préparer les repas conseillés par le Docteur Nutrition.

Grains et céréales

- [ ] Avoine en gros flocons
- [ ] Couscous
- [ ] Farine de sarrasin
- [ ] Farine sans gluten
- [ ] Millet en flocons
- [ ] Nouilles de sarrasin
- [ ] Pain de seigle ou intégral
- [ ] Quinoa
- [ ] Riz brun

Légumineuses

- [ ] Ambériques, en conserve
- [ ] Fèves cannellini, en conserve
- [ ] Fèves de Lima, en conserve
- [ ] Fèves mélangées, en conserve
- [ ] Flageolets, en conserve
- [ ] Haricots rouges, en conserve
- [ ] Lentilles jaunes cassées, sèches
- [ ] Lentilles vertes, rouges et du Puy, en conserve ou sèches
- [ ] Pois chiches, en conserve
- [ ] Pois jaunes cassés, secs

Noix et graines

- [ ] Graines de citrouille
- [ ] Graines de lin
- [ ] Graines de sésame
- [ ] Graines de tournesol
- [ ] Noisettes
- [ ] Noix de cajou
- [ ] Noix de Grenoble
- [ ] Pignons

Fines herbes

- [ ] Aneth
- [ ] Basilic
- [ ] Bouquet de fines herbes séchées
- [ ] Ciboulette
- [ ] Citronnelle
- [ ] Coriandre
- [ ] Fenouil
- [ ] Laurier
- [ ] Marjolaine
- [ ] Menthe
- [ ] Origan, séché
- [ ] Persil
- [ ] Romarin
- [ ] Sauge
- [ ] Thym

Épices

- [ ] Anis étoilé
- [ ] Cannelle, en bâton
- [ ] Cannelle, moulue
- [ ] Cardamome, en cosses
- [ ] Carvi, en graines
- [ ] Chili, pâte de
- [ ] Chili, poudre de
- [ ] Cinq épices, pâte de
- [ ] Clous de girofle
- [ ] Coriandre, graines de
- [ ] Cumin, graines de
- [ ] Curcuma
- [ ] Curry, poudre de
- [ ] Curry, feuilles de
- [ ] Curry, pâte de (verte)
- [ ] Fenouil, graines de
- [ ] Gingembre (frais)
- [ ] Gingembre, poudre de
- [ ] Mangue, poudre de
- [ ] Moutarde noire, graines de
- [ ] Muscade
- [ ] Oignon, en poudre
- [ ] Paprika, fumé et non fumé
- [ ] Pavot, graines de
- [ ] Poivre de Cayenne
- [ ] Poivre noir
- [ ] Tamarin, pâte de

Huiles

- [ ] Avocat
- [ ] Noix de Grenoble
- [ ] Olive
- [ ] Sésame

Les indispensables

- [ ] Anchois, essence d'
- [ ] Bouillon de légumes
- [ ] Bouillon de poisson
- [ ] Bouillon déshydraté
- [ ] Champignons, pâte de
- [ ] Jus de carotte
- [ ] Jus de légumes
- [ ] Miel
- [ ] Moutarde de Dijon
- [ ] Moutarde à l'ancienne
- [ ] Noix de coco, crème de
- [ ] Noix de coco, lait de
- [ ] Olives noires
- [ ] Pâte de tomates
- [ ] Poivrons dans l'huile d'olive
- [ ] Raifort, en sauce
- [ ] Ratatouille, en conserve
- [ ] Sauce au poisson thaïlandaise
- [ ] Sauce soja
- [ ] Sauce Worcestershire
- [ ] Tapenade, noire
- [ ] Tapenade, verte
- [ ] Tomates séchées au soleil, dans l'huile d'olive
- [ ] Tomates, en conserve
- [ ] Vin blanc
- [ ] Vinaigre balsamique
- [ ] Vinaigre de cidre
- [ ] Vinaigre de vin blanc

Fruits

- [ ] Abricots
- [ ] Bleuets
- [ ] Citrons
- [ ] Framboises
- [ ] Kiwis
- [ ] Limes
- [ ] Mûres
- [ ] Oranges
- [ ] Pamplemousses
- [ ] Poires
- [ ] Pommes

Légumes

- [ ] Ail
- [ ] Aubergines
- [ ] Avocats
- [ ] Betteraves
- [ ] Brocoli
- [ ] Carottes
- [ ] Céleri
- [ ] Céleri-rave
- [ ] Champignons, blancs et café
- [ ] Chou, vert, rouge et blanc
- [ ] Concombres
- [ ] Courge musquée
- [ ] Courgettes
- [ ] Cresson
- [ ] Échalotes
- [ ] Épinards
- [ ] Fenouil de Florence
- [ ] Fèves germées
- [ ] Graines germées
- [ ] Haricots verts
- [ ] Laitue en feuilles
- [ ] Laitue romaine
- [ ] Maïs nains
- [ ] Oignons verts
- [ ] Oignons, jaunes et rouges
- [ ] Pak-choï
- [ ] Panais
- [ ] Patates douces
- [ ] Piments forts, frais
- [ ] Poireaux
- [ ] Pois mangetout
- [ ] Pois verts, surgelés
- [ ] Poivrons, rouges, jaunes et verts
- [ ] Roquette
- [ ] Rutabagas
- [ ] Tomates
- [ ] Tomates cerise

Produits laitiers

- [ ] Fromage de chèvre (à pâte ferme)
- [ ] Fromage de chèvre (à pâte molle)
- [ ] Fromage feta
- [ ] Fromage Parmesan
- [ ] Fromage quark
- [ ] Lait
- [ ] Œufs de caille
- [ ] Œufs de poule
- [ ] Tofu, à texture lisse (ferme et mou)
- [ ] Yogourt nature fermenté

Viande et poisson

- [ ] Aiglefin fumé
- [ ] Anchois, en filets
- [ ] Calmars
- [ ] Crevettes cuites
- [ ] Espadon
- [ ] Jambon de Parme
- [ ] Maquereau fumé
- [ ] Pétoncles
- [ ] Poisson blanc, en filets (morue, aiglefin, etc.)
- [ ] Poulet fumé
- [ ] Poulet, poitrines de
- [ ] Saumon fumé
- [ ] Saumon, filets frais
- [ ] Thon, en conserve
- [ ] Thon, frais

Les proportions justes

Laissez aller votre imagination quant à ce que vous mangez au petit déjeuner, pour autant que vous respectiez les principes du Docteur Nutrition sur les groupes d'aliments et les proportions.

Placez les mains en coupe l'une contre l'autre, les doigts en extension de manière à ce que plus ou moins 80 pour cent de la surface totale soit visible. Cela vous donne une bonne idée de la taille de votre portion. Le petit déjeuner doit compter pour environ 20 pour cent du total de votre alimentation quotidienne.

80 % de la surface totale des deux mains

30 % de glucides complexes amidonnés,
des flocons d'avoine, des céréales sans sucre ou du pain intégral

40 % de protéines,
telles que des noix et des graines, des œufs, du poisson, de la viande maigre, du yogourt ou du lait

30 % de glucides complexes,
par exemple des fruits

Petit déjeuner

Le vieux dicton qui veut que le petit déjeuner soit le repas le plus important de la journée est d'autant plus juste dans le cadre du régime du Docteur Nutrition. En sautant le petit déjeuner ou en prenant un petit déjeuner riche en glucides, vous prendrez du poids à coup sûr.

Il existe une excellente raison pour laquelle l'un de mes 10 principes recommande de ne pas sauter ce repas. En prenant un petit déjeuner et à la condition de choisir les bons aliments, vous stimulez ainsi votre métabolisme pour la journée. Qui plus est, en ne prenant pas de petit déjeuner, vous créez une mise en scène qui sera responsable de hauts et de bas tout au long de la journée *(voir aux pages 16 et 17)*.

Un mauvais petit déjeuner

Un petit déjeuner typique composé de céréales, d'un café noir et d'un jus d'orange contient peu de fibres, et encore moins de protéines. Étant donné que chacun de ces aliments appartient à un groupe alimentaire qui encourage une élévation du taux glycémique et par conséquent la sécrétion d'insuline, cette association d'aliments provoque une réaction encore plus rapide, avec pour résultat que vous aurez à nouveau faim plus tôt que prévu. Il y a fort à parier qu'après avoir pris votre bol de céréales au petit déjeuner, vous aurez encore faim en arrivant au travail ou après avoir reconduit les enfants à l'école. Les céréales et les produits de consommation courante pour le petit déjeuner, qui comprennent maintenant les barres céréalières avec leur aspect santé rassurant, sont sucrées et raffinées, et ont donc un IG élevé *(voir pages 14 et 15)*. Ces aliments dont l'aspect pratique est invitant ne favorisent pas une perte de poids à long terme, c'est pourquoi il vous faut faire preuve d'un effort supplémentaire pour ce qui est de ce premier repas important de la journée.

Un bon petit déjeuner

Si vous aimez manger des céréales, choisissez des céréales sans sucre, et ajoutez-y des fruits et quelques protéines, des noix et des graines, par exemple. En ajoutant des fibres sous forme de fruits et des protéines sous forme de noix ou de graines, l'apport de glucides simples est réduit et ce petit déjeuner modifié contient maintenant 40 pour cent de protéines et est conforme aux proportions recommandées *(voir ci-contre, page 46)*.

Peu importe que vous préfériez des céréales ou un steak au petit déjeuner, en autant que les proportions des groupes alimentaires soient bien équilibrées. Assurez-vous de faire correspondre la taille de la portion à la taille de votre main, et vous pouvez commencer la journée comme bon vous semble.

CHOIX IDÉAUX DE GRAINS ET DE PAINS

Les grains et les pains ci-dessous ont l'IG le moins élevé

Pâtes intégrales	38	Blé bulgur	48
Pain de seigle	41	Pain au levain	48
Pumpernickel	41	Riz brun	50
Avoine	42	Pain intégral	51
Muesli rôti	43	Gruau multigrains	55

MAUVAIS CHOIX DE GRAINS ET DE PAINS

Évitez les choix raffinés ci-dessous, car ils sont faibles en fibres et leur IG est élevé

Flocons de maïs	85	Bagels	72
Pain blanc	75	Crumpets	69
Muffin anglais	77	Croissants	67
Grains éclatés	77	Pâtes de blé dur	61
Gaufres	76	Riz blanc	60

Menus suggérés

Petits déjeuners minute

Inspirez-vous de ces suggestions pour créer un petit déjeuner bien équilibré et nutritif tout en étant délicieux. Ils sont rapides à préparer et sont parfaits pour les matins où vous êtes pressé.

Smoothie aux fruits

- **fruits** deux poignées de fruits : fraises, bleuets, framboises, prunes, abricots, pêches, nectarines ou mangues

  et

- **yogourt** quelques cuillérées à soupe de yogourt nature fermenté allégé

  et

- **graines** environ une cuillérée à soupe de graines, de lin ou par exemple de tournesol

  et

- **lait entier** juste assez pour obtenir la consistance voulue

Céréales classiques minute

- **céréales** environ 4 cuillérées à soupe de céréales, par exemple des flocons de maïs (non sucrés), des flocons de son ou d'orge

  et

- **noix** une petite poignée de noix mélangées, par exemple des noix du Brésil, des pacanes, des noix de Grenoble, des noisettes et des amandes

  et

- **lait entier** un peu plus de lait qu'il n'en faut pour humecter les céréales : choisissez parmi le lait de vache, de chèvre, de brebis, de riz ou de soja (non sucré)

Beurre de noix sur du pain grillé

- **pain grillé** 2 tranches minces de pain grillé, pumpernickel, intégral ou de seigle, par exemple

  et

- **beurre de noix sans sucre** une mince couche de beurre de cajou, d'arachide ou d'amande

Yogourt aux fruits et aux graines

Smoothie aux fruits

Céréales classiques minute

Sandwich au fromage ou au jambon

- ■ **pain** 2 tranches de pain, de seigle, intégral ou pumpernickel

  et

- ■ **fromage** quelques tranches de fromage à pâte ferme, soit du cheddar ou du fromage de chèvre

  ou

- ■ **viande** quelques tranches de viande maigre, du poulet, de la dinde ou du jambon (sauf le jambon rôti au miel ou salé)

Yogourt aux fruits et aux graines

- ■ **yogourt** de 2 à 3 cuillérées à soupe de yogourt nature fermenté allégé

  et

- ■ **fruits** une bonne poignée de fruits en dés, des pommes ou des poires, ou encore des canneberges, des mûres, des framboises ou des bleuets entiers

  et

- ■ **noix et graines** une cuillérée à soupe de noix et de graines mélangées, par exemple des amandes effilées, des noisettes ou des noix de Grenoble hachées, et des graines de lin, de tournesol ou de citrouille

Œufs avec du pain grillé ou des biscottes

- ■ **œufs** deux œufs pochés, brouillés ou à la coque

  et

- ■ **pain grillé ou biscottes** une mince tranche de pain grillé, pumpernickel, intégral ou de seigle, ou quelques biscottes, suédoises, à l'avoine ou au riz

Menus suggérés

Petits déjeuners paresseux

Parfois, surtout les week-ends, le petit déjeuner peut prendre une allure plus insouciante. Cela dit, ces recettes se préparent rapidement et n'exigent pas trop d'effort, bien qu'elles soient plus élaborées que le petit déjeuner habituel de tous les jours.

Crêpe sucrée

- **une crêpe** *(voir page 104)*

  et

- **fruits** une poignée de fruits coupés en dés, des pommes, des poires, des pêches, des nectarines, des prunes, des kiwis, de la papaye et de la mangue, par exemple

  et

- **yogourt** quelques cuillérées à soupe de yogourt nature fermenté allégé

  et

- **noix** une cuillérée à soupe de noix hachées, des noix de Grenoble ou des noisettes par exemple

Pain grillé garni de poisson

- **poisson** une portion de poisson gras, des kippers, du maquereau ou des sardines, hachée ou pilonnée grossièrement

  et

- **tomate** une tomate hachée, ou un poivron rouge grillé et haché, combiné au poisson

  et

- **pain grillé** une tranche de pain grillé, soit pumpernickel, intégral ou de seigle

Œufs aux épinards vapeur

- **œufs** deux œufs, pochés, brouillés ou à la coque

  et

- **épinards** une bonne poignée d'épinards vapeur, ou tout autre légume grillé ou vapeur, du pak-choï, du chou vert ou des asperges, par exemple

Omelette

Salade de fruits

Crêpe au saumon fumé

Salade de fruits

- **fruits** une poignée de fruits. Par exemple des mûres, des fraises, des bleuets, des framboises, des cassis, des groseilles, des pommes, des poires, des prunes et de la mangue

  et

- **yogourt** quelques cuillérées à soupe de yogourt nature fermenté allégé

  et

- **noix et graines** une cuillérée à soupe de noix et de graines hachées mélangées. Par exemple des noix du Brésil, des amandes, des graines de tournesol et de lin

Omelette

- **omelette** choisissez parmi les recettes suivantes : aux poireaux, Méditerranéenne, aux champignons et à la tomate, au pesto rouge ou aux patates douces et à l'aneth *(voir pages 58, 86 et 87)*, ou encore concoctez votre omelette à partir des ingrédients que vous avez sous la main. Par exemple, des olives, du fromage de chèvre et des anchois, ou du maquereau fumé, de l'oignon et du maïs sucré

  et

- **pain grillé** une tranche de pain grillé, pumpernickel, intégral ou de seigle, avec un peu de beurre, au choix

Délice à la crêpe

- **une crêpe** *(voir page 104)*

  et

- **œuf et saumon fumé** un œuf poché ou brouillé et quelques tranches de saumon fumé

  ou

- **fromage de chèvre** une portion de fromage de chèvre à pâte molle ou ferme de la taille de la paume de la main, avec quelques feuilles de roquette ou une tomate cuite au four et coupée en dés

Un bon petit déjeuner...

Toutes les rumeurs que vous avez entendues sont véridiques : il est vraiment important de bien commencer la journée avec un bon petit déjeuner.

Le choix habituel

Smoothie à la pêche et à la papaye.
Comment peut-on améliorer une boisson entièrement composée de fruits ? Cela dépend du choix des fruits. Ce smoothie manque de protéines, il faut donc y ajouter un petit quelque chose.

Yogourt aux fraises avec une banane.
À première vue, c'est un choix santé. Oui, mais à condition de bien choisir le yogourt et les fruits pour obtenir un bon équilibre entre les protéines et les glucides complexes. Le yogourt à lui seul ne contient pas suffisamment de protéines, et vous feriez bien de vérifier sur l'étiquette la teneur en sucre et autres additifs en plus des parfums. N'oubliez pas non plus que certains fruits assurent mieux que d'autres la transformation constante du glucose tout au long de la matinée.

Céréales et lait. Des céréales pour le petit déjeuner avec du lait, même si vous avez choisi des céréales à haute teneur en fibres tels que les flocons de son ne sont pas vraiment un bon choix, car l'apport de protéines est insuffisant et les céréales se transformeront rapidement en glucose, ne livrant de l'énergie qu'à court terme. Bien des céréales commerciales sont chargées de sucre, de gras et de sel.

peut être encore meilleur

Le choix du Docteur Nutrition

Éliminez tous les extras tels que le miel et le jus de fruit qui peuvent augmenter fortement l'IG.

- Choisissez des fruits qui ont un faible IG, tels que des prunes, des fraises, des mûres et des poires.

- Au lieu du jus de fruit, prenez plutôt du lait entier pour obtenir une consistance plus intéressante.

- Ajoutez un peu de graines et du tofu à pâte molle pour augmenter le contenu protéinique, puis passez au mélangeur.

- Voir ma recette de smoothie à la page 57.

Les bananes sont un mauvais choix de glucides car elles ont un IG élevé et ne livrent leur l'énergie qu'à court terme. Le yogourt nature est moins successible de contenir des «extras» dissimulés que les versions parfumées.

- Choisissez des fruits dont l'IG est faible, des pommes, des abricots, des fraises et des poires, par exemple.

- Saupoudrez le yogourt de quelques graines ou de noix pour en augmenter l'apport protéinique et ainsi mieux vous rassasier.

- Ajoutez les parfums de votre choix, par exemple, une pincée de cannelle sur un mélange de pommes fraîches et de noisettes, pour bien marquer le coup.

En remplaçant les céréales par du muesli, vous serez assuré que votre petit déjeuner sera transformé en glucose relativement lentement, ce qui vous évitera d'avoir l'estomac dans les talons.

- Assurez-vous que le muesli est riche en noix et en graines pour en augmenter l'apport protéinique.

- Assurez-vous que le muesli que vous achetez ne contient pas trop de fruits secs et de sucres dissimulés.

- Faites votre propre muesli. Il se conservera pendant quatre semaines dans un contenant hermétique.

Yogourt croustillant

Voici une nouvelle version du muesli du petit déjeuner, où nous avons remplacé les fruits secs des céréales commerciales par des fruits frais. Pour deux personnes.

Prêt en **10** minutes

300 ml (1 ¼ t.) de yogourt nature fermenté

2 c. à soupe de gros flocons d'avoine, rôtis *(voir note)*

4 c. à soupe de noix mélangées (citrouille, sésame, tournesol et pavot)

2 c. à soupe de petits fruits, soit des bleuets, des framboises ou des mûres

Partagez les ingrédients dans deux bols, en y plaçant le yogourt en premier, et les petits fruits en dernier pour qu'ils se trouvent au-dessus des autres ingrédients.

Note : pour rôtir les flocons d'avoine, les étaler sur une plaque à biscuits que vous placerez sur la grille supérieure d'un four préchauffé à température moyenne (180°C/350°F/th. 4 pour un four au gaz) pendant environ 8 minutes jusqu'à ce qu'ils soient dorés. Préparez-en plusieurs portions que vous conserverez jusqu'à deux semaines dans un contenant hermétique.

Œufs brouillés rouge et vert

Vous pouvez augmenter le mélange d'œufs et les servir froids sur des galettes de riz ou d'avoine comme collation d'avant-midi. Pour deux personnes.

Prêt en **15** minutes

1 c. à soupe d'huile d'olive

2 tomates, hachées grossièrement

4 œufs, légèrement battus

2 c. à soupe de persil frais, haché

Poivre noir fraîchement moulu

2 tranches de pain de seigle, grillées et légèrement tartinées de beurre

Faire chauffer l'huile dans une poêle à omelette ou un petit poêlon. Ajouter les tomates et cuire environ 2 minutes jusqu'à ce qu'elles soient tendres, puis les réserver dans une assiette. Verser les œufs battus dans la même poêle et remuer lentement jusqu'à ce qu'ils commencent à prendre. Incorporer les tomates, le persil haché et un peu de poivre noir. Servir sur les tranches de pain grillé.

Gruau au millet

Si le cœur vous en dit, vous pouvez tout aussi bien remplacer la pomme par une poire pour accompagner ce délicieux gruau. Si vous n'avez pas de millet, des substituts céréaliers adéquats sont proposés. Pour deux personnes.

Prêt en **15** minutes

75 g (2 ¼ oz) de flocons de millet
(ou de flocons d'orge ou de sarrasin)

300 ml (1 ¼ t.) d'eau

4 c. à soupe de yogourt nature fermenté

1 pomme bien croquante, évidée sans être pelée,
coupée en tranches ou râpée

2 c. à soupe de graines de citrouille

Placer les flocons de millet et l'eau dans une petite casserole, bien mélanger et porter à ébullition. Réduire rapidement à faible ébullition et laisser mijoter de 5 à 10 minutes, jusqu'à ce que toute l'eau soit absorbée et que le mélange de gruau soit moelleux.

Ajouter le yogourt tout en remuant pour obtenir un gruau crémeux, puis partager le tout dans deux bols. Garnir chaque bol avec les pommes et les graines de citrouille, servir immédiatement.

Smoothie ensoleillé et biscuits à l'avoine

Ce smoothie possède une couleur formidable et est chargé de bétacarotène et de vitamine C. La recette est prévue pour donner environ 700 ml (plus ou moins 3 tasses), suffisamment pour deux personnes au petit déjeuner avec un peu de restes pour une collation en avant-midi.

Prêt en 10 minutes

4 abricots frais, coupés en deux et dénoyautés

1 mangue, coupée en deux et dénoyautée, dont la chair est coupée en dés

Jus de 2 oranges (environ 100 ml / $\frac{1}{3}$ t.)

200 ml ($\frac{3}{4}$ t.) de jus de carotte

2 c. à soupe de graines de lin

Passer les abricots, la mangue, le jus et les graines de lin au mélangeur et agiter jusqu'à obtenir une texture lisse, les graines

de lin étant bien broyées (pour une version vraiment plus lisse, broyer les graines de lin avant de les passer au mélangeur). En boire une portion de 200 ml ($\frac{3}{4}$ t.) au petit déjeuner, avec deux biscuits à l'avoine garnis de fromage cottage ou quark allégé pour l'apport protéinique.

Note : le reste du smoothie peut servir de collation minute en cours d'avant-midi. S'il est trop épais, il suffit de le diluer avec 100 g (3 $\frac{1}{2}$ oz) de tofu à texture lisse et d'ajouter un peu plus de jus de carotte.

Omelette aux champignons et à la tomate

Cette omelette à cuisson lente est un excellent choix pour le petit déjeuner du week-end. Accompagnée d'une salade verte, elle peut faire office de plat principal. Pour deux personnes.

| Prêt en **10** minutes |

1 c. à soupe d'huile d'olive

Environ 75 g (2 ½ oz) de champignons café, tranchés

4 œufs

2 c. à soupe de yogourt nature fermenté

Poivre noir fraîchement moulu

1 à 2 c. à soupe de persil, haché

2 tomates moyennes, hachées

Faire chauffer l'huile d'olive dans une poêle à omelette, ajouter les champignons et les faire réduire à feu doux.

Casser les œufs dans un bol, battre légèrement et ajouter le yogourt, le poivre noir et le persil haché. Bien mélanger, puis ajouter les tomates hachées.

Verser ce mélange sur les champignons dans la poêle, en le répandant bien sur toute la surface. Laisser cuire à feu doux jusqu'à ce que le fond de l'omelette soit ferme.

Pour dorer le dessus, placer la poêle quelques minutes sous le grill ou faites glisser l'omelette sur une assiette, la renverser et remettre l'omelette dans la poêle. Diviser l'omelette en deux et servir avec du pain intégral ou de seigle.

Crêpe au saumon fumé et à l'œuf poché

Ces cornets luxueux au saumon et à l'œuf sont une manière formidable de commencer la journée. Faites quelques expériences avec d'autres garnitures, pourquoi pas du fromage de chèvre et de la roquette ou des œufs brouillés aux épinards ? Pour deux personnes.

Prêt en 10 minutes

2 œufs

2 crêpes *(voir page 104)*

2 tranches de saumon fumé (environ 60 g / 2 oz en tout)

Jus d'un demi citron

Remplir une poêle d'eau avec un soupçon de vinaigre et porter à ébullition. Casser chaque œuf dans une soucoupe et les glisser dans l'eau bouillante. Porter à ébullition, et pocher les œufs jusqu'à ce qu'ils soient fermes sans être durs. Retirer les œufs avec une cuillère à rainures et réserver.

Faire chauffer une petite poêle à frire ou une poêle à omelette et y verser un peu d'huile d'olive. Si les crêpes sont déjà cuites, les réchauffer individuellement dans la poêle, d'un côté puis de l'autre. Si les crêpes doivent être cuites, cuire un côté seulement puis retourner.

Pendant la cuisson/réchauffement du deuxième côté, placer une tranche de saumon fumé sur une moitié de la crêpe, asperger de jus de citron et faire glisser un œuf dessus. Plier la crêpe en deux sur la garniture et mettre de côté pendant que vous préparez la deuxième crêpe. Servir immédiatement.

Les bonnes proportions

Une collation santé exige tout simplement la bonne association de protéines et de glucides. Cela n'a pas besoin d'être compliqué ou de prendre beaucoup de temps. Laissez aller votre imagination et identifiez les associations de protéines et de glucides qui vous plaisent.

Placez les mains en coupe l'une contre l'autre, les doigts en extension de manière à ce que 80 pour cent de leur surface soit visible. Cela vous donne une bonne idée de la taille de votre portion. Votre collation de la matinée et celui de l'après-midi doivent compter pour environ 10 pour cent de votre alimentation quotidienne.

80% de la surface d'une main

40% de protéines
par exemple, les légumineuses de ce hommos, des noix et des graines, des œufs, du poisson ou de la viande maigre

60% de glucides complexes
tels que des fruits ou des légumes

Collations

Le régime du Docteur Nutrition repose sur certains principes, le plus important étant de manger peu mais souvent. Un apport régulier de carburant équilibre et règle le métabolisme, tout en livrant de l'énergie en quantité constante.

Certains de mes clients ont l'habitude bien ancrée de prendre trois repas par jour et hésitent à manger entre les repas. Ils craignent de manger beaucoup trop en prenant cinq repas par jour ; une inquiétude dérivée d'un passé d'interdictions et d'excès. Cependant, avec le régime du Docteur Nutrition, le risque de trop manger est minime puisque les quantités sont identiques à celles de trois repas quotidiens, cependant elles sont divisées en cinq repas plus petits *(voir pages 28-29)*.

Les montagnes russes de l'insuline

Il est essentiel de prendre une collation l'avant-midi et l'après-midi pour maintenir les niveaux d'énergie et éviter les « chutes » qui provoquent des états de manque et donnent lieu à des choix alimentaires mal éclairés. Ainsi, lorsque vous avez faim, plutôt que de prendre un café qui augmente le taux de glycémie et supprime l'appétit normal, mangez plutôt un simple goûter nutritif dont l'énergie sera libérée lentement. Il n'y a pas lieu d'en faire un plat, et cette collation n'a pas besoin d'être traditionnelle ou d'exiger beaucoup de préparation *(voir nos suggestions aux pages 62 à 65)*.

Une collation peut se composer d'une ou de deux biscottes avec un beurre de noisettes sans sucre, ou de quelques tranches de fruits fibreux tels que des pommes ou des poires, avec quelques noix ou graines mélangées. Une petite poignée de graines et un fruit fournissent un apport de minéraux, de nutriments, de gras essentiels et de protéines, alors que le fruit apporte les fibres et encore plus de nutriments. Qui plus est, dans le cadre d'un régime amaigrissant, cette association de protéines, de gras essentiels et de fibres est décomposée lentement par l'organisme, de sorte que vous ne ressentirez pas le besoin de manger plus, et le taux de glycémie augmentera progressivement, évitant ainsi le déclenchement d'une sécrétion subite d'insuline.

Les aliments préparés peuvent être un bon point de départ pour des collations santé, par exemple du hommos avec du céleri ou des carottes. L'esthétisme n'est pas important, vous n'avez pas besoin de couverts ni de mettre la table. Il suffit d'ouvrir le contenant d'hommos et de se servir des légumes comme cuillère. Les restants sont également une bonne source de collation *(voir pages 36 et 37)*. Par exemple, si vous avez du poulet et des légumes comme plat principal, préparez-en un peu plus en prévision d'une collation.

LES FRUITS : BON CHOIX

Ces fruits sont de bon choix pour les collations car leur IG est faible.

Abricot	20	Pomme	30
Pamplemousse	20	Fraise	32
Cerise	22	Figue (fraîche)	35
Prune	22	Orange	35
Pêche	30	Poire	35

LES FRUITS : MAUVAIS CHOIX

Leur taux de conversion rapide en glucose ainsi que leur IG élevé en fait de mauvais choix pour les collations.

Pastèque	72	Banane	65
Mélange de fruits secs	70	Figue (sèche)	61
Ananas	66	Raisins noirs	59
Cantaloup	65	Kiwi	58
Raisins secs	65	Jus d'orange	57

Menus suggérés

Collations pour emporter

Souvent, la clé d'une collation santé c'est son côté pratique. Ils doivent être simples à préparer et pratiques à emporter. Ces collations prêtes en quelques minutes sauront vous rassasier longtemps.

Fruits et noix

■ **fruits** un quartier de fruit, de pomme, de poire, de pêche ou de nectarine, ou quelques abricots, prunes, clémentines ou mandarines, ou encore une poignée de raisins ou de petits fruits

et

■ **noix** cinq ou six noix, des amandes, des noix de Grenoble, des noisettes, des pacanes ou des noix du Brésil

Hommos et crudités

■ **hommos** une cuillérée à soupe de hommos, de préférence maison

et

■ **légumes crus** une poignée de légumes crus coupés en morceaux, par exemple des carottes, du céleri, du concombre, des fleurets de brocoli ou de chou-fleur, des tomates cerise, des petits oignons verts, ou encore des poivrons rouges, jaunes ou oranges.

Purées

■ **purées** une cuillérée à soupe de purée de patate douce avec du fromage de chèvre, des champignons, de la tapenade et du tofu, ou de fèves de Lima à la moutarde *(voir les recettes aux pages 66 et 67)*.

et

■ **pain grillé ou biscottes** quelques tranches minces de pain intégral ou de seigle, ou deux biscottes, suédoises, d'avoine ou de riz.

Fruits et noix   Galettes de riz garnies   Hommos et crudités

Biscottes au beurre de noisettes

- **biscottes**   deux biscottes, suédoises, d'avoine ou de riz

  et

- **beurre de noisettes sans sucre**   une mince couche de beurre de noix de cajou, d'arachides ou d'amandes

Yogourt et fruits

- **yogourt**   un petit pot de yogourt nature fermenté allégé

  et

- **fruits**   une poignée de petits fruits incorporés au yogourt, des fraises, des framboises ou des mûres par exemple, ou encore des morceaux de fruits, soit d'abricot, de mangue, de prune, de papaye, de nectarine, de pomme ou de poire

  et

- **Graines**   un soupçon de graines de tournesol, de citrouille ou de lin

Galettes de riz garnies

- **trempette et tartinade**   une cuillérée à soupe de trempette de votre choix, de préférence faite maison (*voir aux pages 68 et 69 pour les recettes de trempette au poisson, à l'avocat, au poivron et aux tomates séchées au soleil*)

  et

- **galettes de riz**   deux galettes de riz ou à l'avoine, ou des biscottes suédoises

Collations minute...

Les collations fournissent à l'organisme un apport régulier d'énergie. Si vous prenez une collation régulièrement, vous n'aurez pas tendance à vouloir trop manger aux repas, ni de faire les mauvais choix alimentaires sous le coup de la faim.

Le choix habituel

Fruits secs et « barre énergétique ». Je peux presque palper votre déception si je vous dis que ce n'est pas le choix idéal alors qu'il semble très santé. Il existe quelques petites modifications à y apporter pour en faire une collation véritablement santé.

Pain et fromage. Certains d'entre nous résistent difficilement à une bonne tranche de pain avec du fromage. Avec quelques substitutions bien choisies, le régime du Docteur Nutrition vous permet de savourer ce plaisir tout en contrôlant votre poids.

Biscuits faibles en gras. Il semble raisonnable de penser que les biscuits faibles en gras conviennent à un régime minceur. Malheureusement, ce n'est pas le cas. Pour les rendre plus savoureux, les biscuits faibles en gras sont souvent chargés de sucre et d'édulcorants, lesquels précipitent à coup sûr la sécrétion d'insuline. Bien que cette option paraisse pratique, il y a toujours un prix à payer.

et comment les améliorer

Le choix du Docteur Nutrition

Bien des barres énergétiques sont fortement chargées de sucre et d'ingrédients bon marché, au lieu de noix et de graines dont l'apport protéinique serait appréciable. Les fruits secs sont un mauvais choix de glucides, car leur IG est élevé.

- Choisissez des fruits secs qui ont un IG faible, tels que des pommes, des prunes, des poires ou des abricots.

- Au lieu d'une barre énergétique, optez pour cinq ou six noisettes ou autres noix en écale pour accompagner votre fruit.

- Pour une source alternative de protéines, remplacez les noix par une poignée de graines mélangées de tournesol et de citrouille.

Le pain blanc est un mauvais choix car il est faible en fibres et a un IG élevé. Choisissez plutôt du pain de seigle ou des biscuits à l'avoine pour varier votre source de céréales, ou du pain au levain si vous cherchez à éviter la levure.

- Un peu de fromage cottage, assaisonné de quelques fines herbes ou de petits oignons verts, est une délicieuse alternative.

- Le fromage de chèvre est relativement faible en gras et est un bon substitut aux fromages de lait de vache.

- Évitez les fromages à pâte persillée et les fromages vieillis car ils contiennent des moisissures qui peuvent provoquer une formation excessive de levures dans les intestins.

Si l'aspect pratique est important pour vous, évitez les biscuits sucrés et optez plutôt pour des biscuits à l'avoine. Ils se mangent tout aussi facilement sur le pouce. Pour la collation parfait, accompagnez-les d'un peu de protéines.

- L'accompagnement le plus rapide pour les biscottes, c'est quelques tranches de jambon maigre.

- L'hommos est une formidable option protéinique. Si vous en avez le temps, faites-le vous-même pour vous assurer qu'il ne contient pas d'additifs.

- Un mélange de concombre haché avec des graines de lin, de la menthe et du yogourt nature est une garniture très santé.

Garnitures en purée

Ces purées sont faciles à faire, en plus d'être nourrissantes et formidablement polyvalentes. Tartinées sur des galettes de riz, des biscuits à l'avoine ou une tranche de pain de seigle, ce sont des collations délicieuses et saines. Une cuillerée de votre purée préférée saura rehausser votre dîner ou votre souper, sous forme d'accompagnement ou de garniture.

Purée de pois, de gingembre et de tapenade

Prêt en **15** minutes

150 g (5 oz) de pois surgelés, décongelés

1 cm (1/2 po) de racine de gingembre frais, pelée et finement râpée

2 c. à soupe d'huile d'olive

Jus d'une demie orange

Zeste râpé d'une demie orange

Zeste râpé d'un demi citron

2 petits oignons verts, hachés finement

1 gousse d'ail, hachée finement

60 g (2 oz) de tofu
(à texture fine, de préférence)

5 cuillérées à thé de tapenade verte
(voir page 148)

Jus d'un demi citron

Poivre noir fraîchement moulu

Yogourt nature fermenté (en option)

1 c. à soupe de menthe fraîche, hachée

Placer les pois, le gingembre, l'huile d'olive, le jus d'orange, les zestes, les petits oignons verts et l'ail dans une casserole à fond épais. Porter à ébullition, réduire la chaleur et laisser mijoter 10 minutes à petit feu, jusqu'à ce que les pois soient bien cuits.

Transférer la mixture dans un mélangeur, ajouter le tofu et agiter pour faire une purée légèrement grumeleuse. Ou encore, mettre le tofu dans la casserole et le réduire en purée au pilon. Dans un bol, verser la purée et y incorporer la tapenade, le jus de citron et le poivre noir, au goût. Si la purée n'est pas assez liquide, ajouter un peu plus d'huile d'olive ou de yogourt. Pour terminer, ajouter la menthe en remuant.

Purée de patate douce et de fromage de chèvre

Prêt en **30** minutes

200 g (7 oz) de patates douces, pelées et coupées en gros dés

1 c. à soupe d'huile d'olive

2 gousses d'ail parées, avec la pelure

75 g (2 1/2 oz) de fromage de chèvre à pâte molle (une « bûche » fera l'affaire), coupé en gros cubes

Jus de citron, au goût

Poivre noir fraîchement moulu

1 à 2 c. à soupe de coriandre fraîche, finement hachée

Préchauffer le four à 350°C/180°F/th. 4 pour un four au gaz.

Placer les dés de patate douce dans un plat à l'épreuve de la chaleur, avec l'huile d'olive et les gousses d'ail. Couvrir le plat et le placer au four préchauffé. Cuire environ 25 minutes, ou jusqu'à ce que les dés de patate douce soient tendres.

Retirer les gousses d'ail et les peler, puis les placer dans un bol avec les patates douces. Ajouter le fromage de chèvre et passer le tout au pilon jusqu'à obtenir un mélange uniforme, sans le réduire en purée. Ajouter le jus de citron et le poivre, au goût, et garnir de beaucoup de coriandre.

Purée de lentilles roses au cumin et au curcuma

Purée de fèves de Lima à la moutarde

Purée de champignons à la tapenade et au tofu

Purée de pois, de gingembre et de tapenade

Purée de lentilles roses au cumin et au curcuma

| Prêt en **25** minutes |

1 c. à soupe d'huile d'olive

1 oignon (environ 200 g / 7 oz), émincé

1 gousse d'ail, émincée

1 feuille de laurier

2 c. à thé de curcuma

2 c. à thé de poudre de curry

1/2 c. à thé de pâte de chili

2 c. à thé de graines de moutarde noire

1/2 c. à thé de graines de cumin

1 boîte (environ 400 g / 13 oz) de lentilles roses, égouttées et rincées

300 ml (1 1/4 t.) de bouillon de légumes *(voir page 149)*

1 à 2 c. à soupe de coriandre fraîche, finement hachée

Poivre noir fraîchement moulu

Dans une grande poêle à fond épais, faire chauffer l'huile d'olive et ajouter l'oignon, l'ail et la feuille de laurier. Cuire à petit feu jusqu'à ce que l'oignon soit tendre sans être coloré.

Ajouter le curcuma, la poudre de curry, la pâte de chili, les graines de moutarde et le cumin, remuer et poursuivre la cuisson à petit feu 3 à 4 minutes pour permettre à l'oignon d'absorber les arômes. Ajouter les lentilles et le bouillon. Porter à ébullition tout en remuant, réduire la chaleur et poursuivre la cuisson à petit feu en laissant mijoter environ 15 minutes, jusqu'à ce que les lentilles soient très tendres et que le bouillon soit absorbé.

Une fois la cuisson terminée, laisser refroidir puis pilonner les lentilles très grossièrement. Incorporer la coriandre et le poivre noir.

Purée de fèves de Lima à la moutarde

| Prêt en **20** minutes |

1 boîte (environ 400 g / 13 oz) de fèves de Lima, égouttées et rincées

Environ 300 ml (1 1/4 t.) de bouillon de légumes *(voir page 149)*

2 c. à soupe d'huile d'olive

1 c. à thé comble de moutarde de Dijon

2 à 3 c. à soupe de persil haché

Poivre noir fraîchement moulu

Placer les fèves dans une casserole à fond épais et ajouter suffisamment de bouillon de légumes pour couvrir. Porter à ébullition, couvrir, réduire la chaleur et laisser mijoter 15 à 20 minutes, jusqu'à ce que les fèves soient tendres. Égoutter, en réservant le bouillon.

Placer les fèves encore chaudes dans un bol, puis ajouter l'huile d'olive et la moutarde. Réduire le mélange en purée avec une fourchette ou un pilon à pommes de terre jusqu'à obtenir une texture plus ou moins lisse. Ajouter le persil haché et un peu plus d'huile d'olive, au besoin, tout en remuant pour décompacter le mélange. Si la purée semble toujours trop concentrée, diluer avec un peu du bouillon gardé en réserve.

Purée de champignons à la tapenade et au tofu

| Prêt en **15** minutes |

2 cuillérées à soupe d'huile d'olive

1/2 oignon (environ 60 g / 2 oz), haché très finement

50 g (2 oz) de tofu (à texture fine, de préférence), haché très finement

150 g (5 oz) de champignons bien goûteux, des champignons café, sauvages, exotiques ou mélangés, par exemple

2 c. à thé rases de tapenade aux olives noires *(voir page 148)*

Jus d'un demi citron

Poivre noir fraîchement moulu

1 c. à soupe de ciboulette, cisaillée

Dans une casserole à fond épais, faire chauffer l'huile d'olive, ajouter l'oignon et cuire jusqu'à ce qu'il soit tendre sans être coloré. Ajouter le tofu et poursuivre la cuisson 2 à 3 minutes, tout en remuant. Ajouter les champignons en les incorporant bien et laisser cuire doucement environ 5 minutes, ou jusqu'à ce que les champignons soient tendres. Incorporer la tapenade, le jus de citron et un peu de poivre noir. Garnir de ciboulette.

EN GUISE D'ACCOMPAGNEMENT

Pour une collation. Pour une collation sans pareil, tartiner sur deux galettes de riz ou des biscuits à l'avoine.

Au dîner. Une bonne farce pour une petite pomme de terre farcie, accompagnée d'une petite salade verte.

Au souper. Allonger avec un peu d'huile d'olive ou du yogourt nature fermenté pour en napper du poisson ou du poulet grillé.

Trempettes et sauces

Une façon formidable d'accommoder les restes, ces recettes peuvent être servies froides en trempettes avec des crudités ou en tant que garniture sur des galettes de riz ou des biscottes, bien qu'elles puissent également servir à égayer n'importe quel plat principal. Les trempettes au poisson et à l'avocat ne se conservent qu'une journée, alors que les autres se conservent de 4 à 5 jour dans un contenant hermétique placé au réfrigérateur.

EN GUISE D'ACCOMPAGNEMENT

Pour une collation. Ces recettes se prêtent bien comme garniture sur une galette de riz ou en tant que délicieuse trempette.

Au dîner. La sauce au pesto rouge ou la sauce aux poivrons et aux tomates séchées au soleil accompagnement merveilleusement bien les pâtes garnies de quelques morceaux de feta ou de poulet.

Au souper. Nappez un poulet grillé, ou un sauté, de sauce chaude aux poivrons et aux tomates séchées.

Trempette au poisson

| Prêt en | **5** | minutes |

60 g (2 oz) de poisson cuit, froid

2 c. à soupe de fromage Quark ou autre fromage allégé à la crème

2 c. à soupe de jus de citron

¼ c. à thé d'essence d'anchois (ou ¼ c. à thé de pâte d'anchois ou de sauce au poisson Thaïlandaise)

1 c. à soupe d'aneth frais, finement haché

Placer tous les ingrédients dans un bol et les pilonner grossièrement avec une fourchette.

Trempette au poisson

Trempette à l'avocat

Pesto rouge

Trempette à l'avocat

Prêt en **5** minutes

½ avocat, dénoyauté,
pelé et coupé en dés

1 c. à soupe de jus de lime

½ c. à thé de racine de gingembre,
fraîchement râpée

2 c. à soupe de yogourt nature fermenté

1 c. à soupe de coriandre,
finement hachée

Placer tous les ingrédients dans un bol
et bien les pilonner avec une fourchette.
Garnir de quelques pignons pour
ajouter un peu plus de protéines.

Pesto rouge

Prêt en **10** minutes

1 petit bocal (environ 250 g / 8 oz) de
tomates séchées au soleil et conservées
dans l'huile, égouttées et hachées

125 g (4 oz) de pignons

150 ml (½ t.) d'huile d'olive

Jus d'un demi citron

1 gousse d'ail

Poivre noir fraîchement moulu

Quelques feuilles d'un petit bouquet
de persil

Passer tous les ingrédients au mélangeur
ou au robot culinaire et mélanger jusqu'à
l'obtention d'une texture plus ou moins
lisse.

Sauce aux poivrons et aux tomates séchées au soleil

Prêt en **10** minutes

1 bocal (environ 250 g / 8 oz) de
poivrons mélangés

1 bocal (environ 250 g / 8 oz) de tomates
séchées au soleil, conservées dans l'huile

5 c. à soupe d'huile d'olive

Jus d'un demi citron

Poivre noir fraîchement moulu

Égoutter les poivrons et les tomates
séchées au soleil et les placer dans le
mélangeur. Ajouter l'huile et le jus de
citron, puis agiter jusqu'à obtenir un
mélange épais sans être trop lisse.
Transférer dans un bol et assaisonner
de poivre, au goût.

Fèves de Lima à la sauce aux poivrons et aux tomates séchées au soleil

Prêt en **15** minutes

1 c. à soupe d'huile d'olive

1 gousse d'ail, écrasée

4 c. à soupe de sauce aux poivrons et aux
tomates séchées au soleil *(voir plus haut)*

100 ml (⅓ t.) d'eau

1 boîte (environ 400 g / 13 oz) de fèves
de Lima, égouttées et rincées

Dans une petite poêle à fond épais,
faire chauffer l'huile d'olive, puis ajouter l'ail et cuire une ou deux minutes
pour en dégager l'arôme. Ajouter la
sauce aux poivrons et l'eau, puis les
fèves. Augmenter la température et laisser mijoter environ 5 minutes, jusqu'à
ce que la sauce soit épaisse et que les
fèves soient bien chaudes.

Sauce aux poivrons et aux
tomates séchées au soleil

Au dîner — les proportions justes

Le dîner peut se composer d'une salade fraîche préparée en quelques minutes, ou d'un délicieux poisson cuit. Ce qui importe, c'est de respecter les proportions des groupes alimentaires ci-dessous.

Placez les mains en coupe l'une contre l'autre, les doigts en extension de manière à ce que toute leur surface soit visible. Cela vous donne une bonne idée de la taille de votre portion. Le dîner doit compter pour environ 30 pour cent du total de votre alimentation quotidienne.

100 % de la surface totale des deux mains

40 % de glucides complexes

tels que les légumes verts

20 % de glucides complexes amidonnés

tels que du riz brun, du pain de grains entiers, des pâtes de blé entier ou des pommes de terre

40 % de protéines

du poisson, du poulet, du tofu ou des légumineuses, par exemple

Dîner et souper

Ceux d'entre vous qui suivent des régimes en rafale savent pertinemment que les repas principaux peuvent être une zone trouble. Bien qu'il subsiste toujours une crainte généralisée de trop manger, le régime du Docteur Nutrition vous guide sur la manière de préparer vos repas principaux en s'assurant que vous n'ayez pas l'estomac dans les talons avant de manger, et en vous donnant une idée précise de la taille idéale des portions.

Le rapport entre les protéines et les glucides complexes pour le dîner et le souper *(voir ci-contre, et page suivante)* est de 40 : 60 dans les deux cas, bien que 20 % de l'apport de glucides complexes soit composé de féculents au dîner, des pommes de terre ou du riz brun, par exemple. Servez-vous de vos mains pour jauger la taille de la portion de protéines : sa surface sera d'un peu moins d'une « main » (40 % de la surface totale des deux mains).

Un dîner parfait

Le repas du midi est souvent pris sur le lieu du travail ou à la maison entre deux tâches ou deux rendez-vous. Il n'est cependant pas nécessaire d'y consacrer beaucoup de temps *(voir pages 36 et 37)*. En préparant plus de nourriture pour le repas de la veille, je suis assuré d'avoir un dîner pratique sous la main. Si vous cuisinez à la maison, il suffit d'en faire une portion de plus que vous emporterez au travail pour le dîner du lendemain. Si vous n'avez pas de restes, assurez-vous d'avoir sous la main quelques ingrédients de base qui peuvent être assemblés rapidement — voir mes suggestions de recettes et de menus *(pages 76-77 et 82-83)*.

Si vous optez pour un sandwich, choisissez une garniture de protéines complètes telle que du thon, des crevettes, du poulet ou de la dinde. De par leur nature, les sandwiches ont une teneur plus élevée en glucides que ce que je vous recommande idéalement, par contre, en mettant en pratique les conseils des pages 82 et 83, vous serez en mesure de faire des choix plus éclairés qui correspondent aux principes du Docteur Nutrition. De plus, rien ne vous oblige à ne manger que le sandwich. Si vous estimez qu'il est faible en protéines, ajoutez une poignée de noix et de graines mélangées pour un repas plus équilibré.

Les salades toutes préparées sont un bon départ pour le dîner. Dans bien des cas, puisqu'elles manquent de protéines, si vous choisissez une salade au thon par exemple, pensez à y ajouter une petite boîte de thon en supplément.

Autant que possible, évitez d'adopter cette stratégie tous les jours, car vous ne contrôlez pas aussi bien les ingrédients que si vous préparez le repas vous-même.

CHOIX PROTÉINIQUE IDÉAL

Ces protéines complexes sont faibles en gras saturés et certaines d'entre-elles contiennent des acides gras essentiels qui sont bons pour la santé.

Dinde (sans la peau)	Poisson (surtout
Graines	les poissons gras)
Légumineuses	Poulet (sans la peau)
Noix (sans l'écaille)	Quorn
Œufs	Tofu
	Veau

MAUVAIS CHOIX PROTÉINIQUE

Étant donné que ces protéines sont des sources potentielles de gras trans ou saturés, elles ne constituent pas un bon choix.

Agneau	Fromage à pâte molle
Bacon	Jambon
Bœuf	Oie
Canard	Salami
Faisant	Saucisses

Encore une fois, il ne s'agit pas de faire des menus complexes qui exigent beaucoup de préparation. Vous pouvez vous simplifier la tâche en optant pour des sardines en conserve auxquelles vous ajoutez de l'aneth ou du persil frais haché, accompagnées d'un poivron en julienne, de quelques feuilles de laitue et d'une tranche de pain entier. Le repas n'a pas besoin d'être compliqué ni d'exiger beaucoup de préparation. Mangez ce dont vous avez envie, en autant que vous respectiez les proportions des groupes alimentaires.

En supposant que vous preniez votre petit déjeuner vers 8 h et une collation vers 10 h 30, vous dînerez probablement vers 13 h. Je vous conseille de dîner tôt plutôt que tard. Vous serez alors en mesure de faire de meilleurs choix alimentaires et votre taux de glycémie ne sera pas affaibli, ce qui peut provoquer la faim et un état de manque. En mangeant trop tard, vous ferez presque inévitablement de mauvais choix alimentaires. Le même principe vaut pour le repas du soir : autant que possible, mangez entre 19 h et 19 h 30, après avoir pris un goûter vers 16 h.

Au souper

Lorsqu'il s'agit de préparer le repas de fin de journée, bien souvent mes clients me disent « Je n'ai pas le temps », ou « Je suis rentré tard ». Je suis sensible à la question du temps – je travaille souvent tard moi-même – cependant, afin de rencontrer vos objectifs, vous devez examiner l'importance que vous avez accordée à votre alimentation jusqu'à maintenant. Si vous faites appel régulièrement à des repas préparés – les « réchauffer et servir » – examinez l'impact de cette habitude sur votre gain de poids. La plupart des repas préparés ont une teneur plus élevée que vous ne le croyez en gras et en sucre et de plus, étant donné que les protéines coûtent plus cher que les glucides, le coût de fabrication du repas est moindre si la présence de protéines est limitée.

En discutant de cuisine avec mes clients, je me rends compte que nombreux sont ceux qui estiment que cela exige beaucoup de temps, ce qui est absolument faux. Si vous parcourez les recettes présentées dans ce livre, vous verrez que plusieurs d'entre elles ne demandent que dix minutes de préparation, et seulement un peu plus pour d'autres. La plupart des recettes exigent un minimum d'effort, et je me suis efforcé de les concevoir comme un assemblage d'éléments plutôt que de la cuisine « sérieuse ».

De temps en temps, mes clients me disent que les suggestions du Docteur Nutrition pour le souper ne sont pas complètement rassasiantes : si c'est votre cas, je vous conseille de faire une pause environ une heure avant le repas et de prendre une petite collation de protéines et de légumes, plutôt que d'augmenter les portions au souper ou de manger quelque chose de sucré après le repas. Il peut s'agir de quelques crudités et d'une trempette, ou du thon avec quelques feuilles de laitue. Ce n'est peut être pas traditionnel, mais c'est efficace tout en favorisant une perte de poids constante et saine.

Quoi boire en mangeant

J'adore le vin. D'en boire un ou deux verres au souper est un véritable plaisir, et le régime du Docteur Nutrition n'interdit pas l'alcool pour autant que l'on observe certaines règles *(voir page 145)*. Si vous choisissez de ne pas boire d'alcool, évitez les jus et les colas car ils contiennent du sucre et de la caféine. L'eau est un meilleur choix, qu'elle soit plate ou gazeuse, nature ou agrémentée d'une tranche de citron, de lime, ou de ce qui vous plaît, en autant que ce soit sans sucre.

LE CHOIX IDÉAL DE LÉGUMES

Parmi tous les bons choix de légumes, ceux-ci présentent les IG les plus faibles.

Aubergine	10	Laitue	10
Brocoli	10	Oignon	10
Champignon	10	Poivron rouge	10
Chou	10	Tomate	10
Épinard	10	Carotte (crue)	35

LE MAUVAIS CHOIX DE LÉGUMES

Leur IG élevé en fait un choix relativement mauvais pour votre repas.

Panais	97	Citrouille	75
Pomme de terre (croustilles)	95	Navet	70
Pomme de terre (en purée)	90	Pomme de terre (au four)	65
Carotte (cuite)	85	Betterave	64
Gourgane	80	Pomme de terre (bouillie)	62

Au souper: les proportions justes

Votre repas du soir doit se composer de 60 pour cent de légumes et, contrairement au dîner, évitez autant que possible les glucides complexes amidonnés tels que les grains et les pommes de terre.

Placez les mains en coupe l'une contre l'autre, les doigts en extension de manière à ce que toute leur surface soit visible. Cela vous donne une bonne idée de la taille de votre portion. Le souper doit compter pour environ 30 pour cent du total de votre alimentation quotidienne.

100 % de la surface totale des deux mains

40 %
de protéines
telles que des œufs, du poisson, du tofu, des légumineuses ou de la viande maigre

60 % de glucides complexes,
un assortiment de légumes par exemple

Menus suggérés

Dîner ou souper

Bien que votre dîner et votre souper seront plus ou moins de la même taille, les proportions des groupes alimentaires seront légèrement différentes. Ces suggestions illustrent bien comment il est facile d'adapter les rapports selon vos besoins.

Poulet

- **poulet** une portion d'un plat simple à base de poulet, par exemple un poulet Cajun épicé ou un poulet épicé à l'Indienne *(voir aux pages 130-131)*, un poulet aux fines herbes estivales *(voir page 123)* ou un poulet à la noix de coco *(voir page 84)*

et

- **au dîner** accompagner d'une petite pomme de terre farcie ou de quelques pommes de terre nouvelles et d'une petite portion de légumes verts cuits à la vapeur

ou

- **au souper** servir avec une bonne portion de légumes verts cuits à la vapeur

Œufs

- **œufs** deux œufs cuits en omelette par exemple – soit tout simplement assaisonnée ou délicatement farcie *(voir aux pages 58, 86-87 et 140)*

et

- **au dîner** servir avec une tranche de pain intégral et une salade de feuilles vertes ou une salade composée *(voir aux pages 112 et 113)*

ou

- **au souper** servir accompagné d'une bonne portion de salade ou d'une grande salade de laitue et de tomates

Soupe

- **soupe** une portion de soupe (de préférence faite maison), aux crevettes et au cresson par exemple *(voir page 101)*, ou aux légumes et aux fèves *(voir page 103)*

et

- **au dîner** servir avec du pain intégral et une salade verte, au choix

ou

- **au souper** ajouter un peu plus de légumes à la soupe ou l'accompagner d'une petite salade

Saumon

Ragoût de pois chiches et ratatouille

Sauté de crevettes et de poivrons doux

Poisson

■ **poisson** une portion de poisson grillé ou poché, du saumon ou de la plie, ou une portion de filet de morue *(voir page 89)*, de sauté de crevettes et de poivrons doux *(voir page 108)* ou de l'espadon à la coriandre et à la lime *(voir page 98)*

et

■ **au dîner** servir avec une portion de riz brun ou quelques pommes de terre nouvelles, et une petite portion de légumes grillés

ou

■ **au souper** servir avec une grande portion de légumes grillés sur une salade composée de feuilles variées, enrobée d'une vinaigrette piquante *(voir aux pages 128 et 129)*

Légumineuses

■ **légumineuses** une portion d'un plat à base de légumineuses, par exemple un sauté à la feta, à la tomate et aux fèves *(voir page 109)*, de pois chiches et de ratatouille *(voir page 137)*, ou de fèves de Lima à l'italienne *(voir page 132)*

et

■ **au dîner** servir avec des nouilles au sarrasin ou du riz brun

ou

■ **au souper** augmenter un peu la proportion de glucides complexes en ajoutant plus de légumes

Tofu

■ **tofu** une portion de n'importe quelle recette au tofu, par exemple des poireaux dans une sauce au pesto rouge et au tofu *(voir page 106)* ou une salade verte et blanche *(voir page 113)*

et

■ **au dîner** servir avec du riz brun ou des légumes verts cuits à la vapeur

ou

■ **au souper** servir avec une grande portion de légumes verts cuits à la vapeur

Menus suggérés

Dîners pour emporter

Nombreux sont ceux qui n'ont pas accès à une cuisine à leur lieu de travail, et qui doivent donc préparer à l'avance leur repas du midi ou emporter avec eux quelques éléments faciles à assembler. Voici quelques suggestions.

Salade de fromage

- **fromage** une portion de fromage de la taille de la paume de la main, de la mozzarelle, du fromage cottage, du feta ou du fromage de chèvre par exemple

  et

- **salade** une combinaison de feuilles de laitue, un demi avocat, une carotte et quelques olives avec une vinaigrette *(voir pages 114 et 115)*

  et

- **pain** une bonne tranche de pain intégral, complet, de seigle ou sans gluten

Sandwich santé

- **garniture protéinique** une garniture protéinique, par exemple un œuf cuit dur avec des fines herbes et du poivre noir, une bonne cuillérée à soupe de fromage cottage, ou une portion de la taille de la paume de la main de fromage de chèvre, de poulet, de dinde, de jambon ou de saumon fumé

  et

- **salade** une poignée de feuilles de laitue et quelques tranches de tomate

  et

- **pain** deux minces tranches de pain de seigle, intégral, complet ou sans gluten

Salade de riz au poulet

- **poulet** une portion de poulet grillé de la taille de la paume de la main (par exemple, un restant du repas ou du barbecue de la veille)

  et

- **salade de riz** quelques cuillérées à soupe de riz brun avec une vinaigrette *(voir pages 114 et 115)* et deux cuillérées à soupe de légumes grillés, des asperges, du brocoli, du poireau ou des haricots verts, par exemple, ou une quantité équivalente de légumes crus hachés tels que tomate, concombre, poivron rouge et petits oignons verts.

Sandwich santé

Biscottes garnies

Soupe

Biscottes garnies

- **tartinade** n'importe quelle tartinade à base de protéines, par exemple deux œufs cuits dur hachés et agrémentés de fines herbes, du fromage cottage avec un petit oignon vert et du concombre haché, ou une tartinade au poisson *(voir pages 37 et 68)*

  et

- **biscottes** deux biscottes, ou des galettes de riz, d'avoine ou du pain suédois

  et

- **légumes** quelques tomates cerises, par exemple, ou des carottes, des poivrons doux ou du concombre en julienne

Salade de pâtes

- **poisson** une portion de poisson de la taille de la paume de la main, du maquereau fumé ou du thon, du saumon ou du maquereau en conserve

  et

- **pâtes** une petite portion de pâtes de blé entier, de farine de sarrasin ou de blé

  et

- **légumes potagers** une bonne poignée de légumes mélangés, par exemple : des petits oignons verts, un petit poivron doux, deux tomates, deux champignons et un quart de courgette

Soupe et pain frais

- **soupe** une portion de soupe (faite maison, de préférence), une chaudrée de poisson fumé *(voir page 85)*, une soupe à la tomate et au poivron rouge avec des cannellini *(voir page 99)* ou un gazpacho minute *(voir page 101)*

  et

- **pain** une tranche épaisse de pain intégral, complet, de seigle ou sans gluten

Menus suggérés

Repas rapides

Parmi toutes les excuses que j'entends, la plus fréquente est que de bien manger exige trop de temps. Voici six idées formidables pour contrer ce mythe. Faites quelques expériences et variez les ingrédients.

Sauté

- **protéines** une portion de poulet, de dinde ou de poisson, coupé en lamelles, ou des crevettes, des dés de tofu ou des légumineuses. Pourquoi ne pas essayer l'une ou l'autre des recettes de sauté, le poulet aux noix de cajou *(voir page 102)*, ou le sauté à la feta, à la tomate et aux fèves *(voir page 109)*

  et

- **légumes** si vous n'optez pas pour les recettes suggérées plus haut, ajoutez une bonne poignée de légumes hachés mélangés à votre choix de protéine, du pak-choï, des épinards, des poivrons doux, des pois mangetout, des champignons et des fèves germées

  et (au dîner)

- **nouilles** une petite portion de nouilles de farine de sarrasin

Omelette aux feuilles vertes

- **omelette** choisissez l'une ou l'autre des recettes d'omelette, soit aux champignons et à la tomate *(voir page 58)*, aux poireaux, Méditerranéenne, au pesto rouge, ou aux patates douces et à l'aneth *(voir pages 86 et 87)*

  et

- **feuilles vertes** une bonne poignée de feuilles vertes, du cresson, de la roquette, de la carde rouge, des jeunes pousses d'épinard et de la mâche, par exemple

  et (au dîner)

- **pomme de terre farcie** une petite pomme de terre cuite au four

Saumon aux légumes vapeur

- **saumon** un filet poché et grillé, ravivé par une marinade au yogourt et au gingembre *(voir page 127)* ou une portion de saumon à la lime et à l'aneth ou de saumon à la noix de coco et à la coriandre *(voir pages 124 et 125)*

  et

- **légumes** une bonne portion de légumes vapeur, tels que du brocoli, du chou-fleur, des pois mangetout, des haricots verts, du chou vert, des épinards, des asperges, du chou de Milan, des carottes et des maïs nains.

Salade de fèves germées

Sauté au poulet et aux noix de cajou

Thon à la cannelle saisi sur le grill

Crêpe farcie

■ **crêpe**   une crêpe de sarrasin *(voir page 104)*

et

■ **farce protéinique**   faites votre propre farce à partir des ingrédients que vous avez sous la main, ou encore suivez l'une des recettes suivantes : avocat et pétoncles *(voir page 105)*, saumon fumé et œuf poché *(voir page 59)* ou champignons sauvages et jambon de Parme *(voir page 104)*

et

■ **salade**   si vous utilisez une farce protéinique simple, par exemple du fromage ou du poulet grillé, ajoutez une petite salade en accompagnement telle qu'une salade à l'avocat et au cresson *(voir page 120)*, ou une bonne poignée de feuilles vertes et quelques tranches de tomate

Thon saisi sur le grill avec un plat d'accompagnement

■ **thon saisi sur le grill**   un steak de thon frais, saisi sur le grill avec de la cannelle ou autres épices *(voir page 128)*, ou mariné dans une sauce au raifort et à la lime ou une marinade d'huile de sésame et de moutarde à l'ancienne *(voir pages 126 – 127 pour toutes les recettes de marinades)*

et

■ **plat d'accompagnement**   une portion de légumes, sous forme de ratatouille, de salade niçoise à l'oignon et à la tomate, des jeunes betteraves au raifort ou encore des légumes sautés *(voir aux pages 96 – 97 pour toutes les recettes)*

et (pour le dîner)

■ **purée de pommes de terre**   une cuillérée à soupe de purée de pommes de terre

Salade

■ **salade**   choisissez parmi les recettes qui présentent un bon apport de protéines, telles que la salade de fèves germées *(voir page 119)*, la salade verte et blanche *(voir page 113)*, la salade d'avocat et de quinoa *(voir page 93)*, ou la salade César *(voir page 116)*

et (pour le dîner)

■ **pommes de terre ou couscous**   quelques pommes de terre nouvelles enrobées d'huile de noix de Grenoble, ou une petite portion de couscous, de riz brun ou de blé bulgur

Les soupers délicieux...

De mettre en pratique les principes du Docteur Nutrition à un repas principal est chose facile : il suffit de bien respecter les proportions *(voir pages 70 à 75)* et vous ne pouvez vous tromper.

Le choix habituel

Agneau grillé avec des légumes rôtis.
C'est une manière délicieuse d'apprêter les légumes, surtout si vous y ajoutez quelques herbes, du romarin par exemple. L'association protéine-glucide est juste, cependant le choix de la viande pourrait être amélioré.

Thon saisi sur le grill, purée de pommes de terre et asperges vapeur. Tous ces aliments sont sains et nutritifs, un bon choix recommandé par le Docteur Nutrition. La purée de pommes de terre est par tradition un aliment réconfortant, et ce repas serait idéal s'il était pris au dîner. Cependant, il ne faut pas oublier que la consommation de glucides amidonnés est déconseillée après 19 h.

Sauté aux légumes avec une salade à l'avocat et au cresson. Les sautés et les salades sont des préparations formidables qui encouragent la consommation d'une grande variété de légumes dont les nutriments sont à l'état naturel. Ce sont également des repas rapides à préparer. Cependant, il manque un élément important pour que ce repas soit complet et santé.

peuvent aussi faire partie du régime

Le choix du Docteur Nutrition

Bien que les viandes grillées soient une option santé, une côtelette d'agneau est une coupe de viande relativement grasse. La viande rouge a une plus forte teneur en gras saturés que la viande blanche.

- Une poitrine de poulet grillée a une teneur beaucoup plus faible en gras saturés que l'agneau. Le poulet est polyvalent et peut être facilement servi à plusieurs sauces *(voir pages 130 – 131)*.

- Il existe une grande variété de poissons disponibles, et certains d'entre eux sont également riches en acides gras essentiels. Essayez le mulet cabot, le rouget, les sardines ou l'espadon, soit grillés ou au four.

Pour en faire un repas du soir parfait, substituez une purée de pois au gingembre *(voir page 66)* aux pommes de terre en purée.

- Essayez d'autres délicieuses purées *(voir pages 66-67)*. Puisqu'elles contiennent toutes des protéines, il faut en tenir compte dans le calcul des portions afin d'assurer un apport adéquat de glucides complexes.

- Au lieu de la purée de pois, substituez des légumes verts vapeur ou un plat de légumes en accompagnement *(voir nos suggestions aux pages 96 – 97)*. Assurez vous d'un bon équilibre entre les glucides complexes et les protéines, et laissez aller votre imagination.

L'élément absent du repas illustré à gauche, c'est la protéine. Sans elle, vous ne bénéficierez pas de l'apport de glucose à résorption lente qu'elle contient, et vous risquez d'avoir un creux à l'estomac avant d'aller au lit.

- Ce sauté de feta, de tomates et de haricots *(voir page 109)* est une option appétissante. L'apport adéquat de protéines est assuré par la feta, les pignons et les haricots rouges.

- Ou encore, assemblez une salade protéinique avec, par exemple, de l'avocat et du quinoa *(voir page 93)*, ou un légume-racine et du fromage de chèvre *(voir page 112)*.

Dîner sur le pouce...

Les bonnes intentions ne suffisent pas toujours
lorsqu'il s'agit de manger sur le pouce.
Gardez bien à l'esprit les proportions,
et vous saurez créer un repas santé.

Le choix habituel

Salade. Comment se tromper avec une salade? Si votre
salade est uniquement composée de laitue, elle souffre
d'une carence de certains groupes alimentaires essentiels
et vous risquez de tomber en panne de carburant. Ajoutez-
y des protéines pour assurer un bon équilibre nutritif.

Sandwich. À prime abord, un sandwich
bourré de feuilles de laitue semble un bon choix
santé. Cependant, il souffre d'une carence en
protéines et en glucides complexes. En y ajoutant quelques éléments ou en retirant une
tranche de pain du sandwich, l'équilibre des
groupes alimentaires sera rétabli et votre
sandwich sera un bon choix santé.

**Soupe aux légumes et petit
pain.** Voilà un excellent choix
pour un dîner sur le pouce. Pour
autant de choisir les bons aliments
et de bien en équilibrer les proportions. Ce repas a besoin de
plus de protéines et de fibres pour
en faire un choix équilibré.

avec des aliments santé

Le choix du Docteur Nutrition

Une salade sera un choix plus avisé si vous connaissez bien vos légumes. De préférence, optez pour des légumes riches en vitamine C et autres antioxydants, tels que les poivrons rouges, les carottes crues, le cresson et les tomates, et assurez-vous de varier vos choix afin d'assurer un apport équilibré de nutriments.

- Ajoutez du riz brun à la salade : riche en vitamines B, c'est un bon choix de glucide complexe amidonné pour le dîner.

- Les protéines présentes dans le poulet ou le thon exacerbent la teneur en minéraux de votre repas et assurent leur résorption lente sous forme de glucose.

Le pain blanc n'est pas un bon choix, car il est faible en fibres et a donc un indice glycémique élevé *(voir page 21)*. Optez plutôt pour le pain de seigle dont la densité permet de varier votre apport en grains, ou du pain au levain si vous cherchez à restreindre votre consommation de levure (d'une manière générale, j'estime que nous mangeons plus de levures que nous en avons besoin).

- Ajoutez des tomates pour augmenter l'apport en fibres et en antioxydants.

- Le poulet, le thon, les œufs et le saumon fumé sont de bonnes sources de protéines et peuvent être incorporés aux sandwiches.

- N'ajoutez pas trop de beurre ou de mayonnaise. Optez plutôt pour un condiment : un peu de moutarde sur le pain confère de la saveur et une texture plus humide.

De préférence, optez pour les soupes à base de légumes plutôt que celles à base de crème ou de pommes de terre, puis ajoutez juste ce qu'il faut de fibres et de protéines pour en faire un choix santé.

- Ajoutez un peu de pois chiches ou autres légumineuses pour augmenter la teneur en protéines de la soupe, ou encore, du tofu, du jambon ou du blanc de poulet émincé.

- Ajoutez une petite boîte de maïs sucré ou quelques feuilles de jeunes pousses d'épinard pour conférer plus de fibres à votre soupe.

- Remplacez le petit pain blanc par une portion équivalente de pain intégral ou de seigle afin d'éviter les farines raffinées à IG élevé.

Poulet à la noix de coco

Les épices et la noix de coco aromatisent le poulet, et le riz peut être remplacé par des légumes ou une salade afin de réduire le temps de préparation. Pour deux personnes.

Prêt en 30 minutes

1 poitrine de poulet désossé, sans la peau (environ 150 g / 5 oz)

200 ml (¾ t.) de lait de noix de coco

½ c. à thé de concentré de piments forts

1 à 2 c. à soupe de coriandre fraîche, hachée

1 gousse d'ail, écrasée

Poivre noir fraîchement moulu

150 g (5 oz) de riz brun

350 ml (1 ¾ t.) de bouillon de légumes *(voir page 149)*

½ c. à thé d'huile d'olive

1 petit poivron rouge, évidé et épépiné, coupé en julienne

Couper la poitrine de poulet en languettes. Placer le lait de noix de coco, le concentré de piments forts, la coriandre, l'ail et le poivre noir dans un bol et bien mélanger. Ajouter les languettes de poulet. Laisser mariner pendant que le riz cuit.

Dans une casserole à fond épais, porter le bouillon à ébullition, ajouter le riz, couvrir et laisser mijoter 25 à 30 minutes, jusqu'à ce que le riz soit cuit. Égoutter, puis ajouter un peu d'huile d'olive et quelques herbes hachées, couvrir et garder au chaud.

Faire chauffer un wok ou une poêle à frire et y verser le poulet et sa marinade. Cuire à feu doux environ 5 minutes, jusqu'à ce que le poulet soit presque cuit. Ajouter les poivrons rouges en julienne et poursuivre la cuisson 5 minutes, jusqu'à ce que le poulet soit bien cuit et que les poivrons soient fermes. Servir immédiatement.

EN GUISE D'ACCOMPAGNEMENT

Au dîner. Servir tel quel pour un dîner délicieux.

Au souper. Au lieu du riz, accompagner d'un mélange de légumes verts légèrement cuits à la vapeur, ou encore des légumes sautés finement hachés, du brocoli ou des courgettes par exemple.

Chaudrée de poisson fumé

Si vous prenez du poisson, des crustacés et du bouillon frais, et non pas surgelés, pourquoi ne pas faire double recette et congeler ce qui en reste ? Pour deux personnes.

Prêt en **30** minutes

EN GUISE D'ACCOMPAGNEMENT

Au dîner. Servir avec une tranche de pain de seigle.

Au souper. Ajouter quelques légumes vapeur, tels que des fleurets de brocoli ou des têtes d'asperges, ou encore servir avec une des salades d'accompagnement des pages 120 et 121.

1 c. à soupe d'huile d'olive

1 poireau (environ 100 g / 3 ½ oz), finement haché

2 échalotes, finement hachées

1 carotte (environ 100 g / 3 ½ oz), râpée

600 ml (2 ½ t.) de bouillon de poisson *(voir page 149)*

2 c. à soupe de sauce au poisson thaïlandaise (en option)

1 c. à soupe de jus de citron

200 g (7 oz) d'aiglefin, de morue ou de truite fumée, sans la peau et coupé en morceaux

75 g (2 ½ oz) de crevettes cuites

Poivre noir fraîchement moulu

2 à 3 c. à soupe de yogourt nature fermenté

1 c. à soupe de persil haché

Dans une casserole à fond épais, faire chauffer l'huile, ajouter les légumes et cuire à feu doux jusqu'à ce qu'ils soient tendres. Ajouter le bouillon de poisson, la sauce au poisson, au choix, et le jus de citron. Porter à ébullition, réduire la chaleur et laisser mijoter environ 5 minutes.

Ajouter le poisson fumé et laisser mijoter encore 8 minutes, jusqu'à ce que le poisson soit cuit. Ajouter les crevettes et le poivre noir, et poursuivre la cuisson jusqu'à ce que le tout soit chaud.

Placer une bonne cuillérée à soupe de yogourt nature dans chacun des bols, puis y verser la chaudrée en parts égales, mélanger et garnir de persil.

Omelettes

Ces omelettes sauront vous rassasier et sont très faciles à préparer. Variez les ingrédients en fonction de ce que vous avez sous la main. Elles peuvent être servies chaudes, ou froides avec une salade. Si vous n'en mangez que la moitié, conservez l'autre comme collation à prendre au cours de la journée. Chaque recette est conçue pour deux personnes.

Omelette méditerranéenne

Omelette méditerranéenne

Prêt en 15 minutes

1 c. à soupe d'huile d'olive

1 oignon (environ 100 g / 3 ½ oz), tranché

½ poivron rouge, évidé, épépiné et coupé en dés

½ poivron vert, évidé, épépiné et coupé en dés

½ tomates moyennes, tranchées

4 œufs

2 c. à soupe de yogourt nature fermenté

2 c. à soupe d'eau

1 c. à thé de fines herbes séchées

Poivre noir fraîchement moulu

8 olives noires, dénoyautées

Faire chauffer l'huile dans une poêle à omelette, ajouter l'oignon et les poivrons en dés. Cuire à feu doux jusqu'à ce que les légumes soient tendres. Ajouter les tomates et cuire 2 à 3 minutes.

Casser les œufs dans un bol et y ajouter le yogourt, l'eau, les fines herbes et le poivre noir, au goût. Bien incorporer tous les ingrédients. Verser ce mélange sur les légumes dans la poêle, en remuant doucement afin de le faire glisser légèrement sous les légumes. Parsemer les olives uniformément sur toute la surface de l'omelette. Cuire à feu doux jusqu'à ce que le fond soit ferme et légèrement doré. Prendre garde de ne pas trop cuire.

Pour faire cuire le dessus de l'omelette, placer la poêle sous le grill à feu moyen de 4 à 5 minutes, jusqu'à ce que l'omelette soit légèrement dorée.

Omelette aux poireaux

Prêt en **20** minutes

1 c. à soupe d'huile d'olive

Jus d'un citron

4 poireaux moyens (environ 300 g / 10 oz), émincés

1 c. à soupe de graines de cumin

4 œufs

Poivre noir fraîchement moulu

2 c. à soupe de yogourt nature fermenté

25 g (¾ oz) de fromage de chèvre ferme, émietté

Dans une poêle à omelette, faire chauffer l'huile d'olive et le jus de citron, ajouter les poireaux et cuire à feu moyen 5 à 10 minutes, ou jusqu'à ce qu'ils soient tendres.

Pendant que les poireaux cuisent, placer les graines de cumin dans un petit poêlon et faire revenir à feu vif pendant quelques secondes, jusqu'à ce qu'elles soient rôties.

Battre les œufs avec le poivre noir, le yogourt et les graines de cumin, verser ce mélange sur les poireaux cuits et poursuivre la cuisson jusqu'à ce que le fond soit ferme et doré (environ 5 minutes).

Parsemer le fromage émietté sur l'omelette et placer la poêle sous le grill à feu moyen de 4 à 5 minutes, jusqu'à ce qu'elle soit dorée.

Omelette aux patates douces et à l'aneth

Prêt en **25** minutes

1 petite patate douce (environ 125 g / 4 oz), tranchée

1 c. à soupe d'huile d'olive

1 oignon (environ 125 g / 4 oz), tranché

4 œufs

2 c. à soupe de yogourt nature fermenté

2 c. à soupe d'eau

½ c. à thé de curcuma

1 c. à thé de feuilles d'aneth séchées ou 1 c. à soupe d'aneth frais haché

Poivre noir fraîchement moulu

Faire mijoter la patate douce avec sa pelure dans une casserole d'eau légèrement bouillante pendant environ 15 minutes, ou jusqu'à ce qu'elle soit tendre. Une fois cuite, peler et trancher la patate douce en deux dans le sens de la longueur, puis couper chaque moitié.

Dans une poêle à omelette ou dans un petit poêlon, faire chauffer l'huile, ajouter l'oignon et cuire jusqu'à ce qu'il soit tendre. Casser les œufs dans un bol, ajouter le yogourt, l'eau, le curcuma, l'aneth et le poivre noir, au goût. Battre le mélange d'œufs et verser sur les oignons dans la poêle. Ajouter les patates douces en les étalant uniformément sur toute la surface de la poêle. Cuire à feu doux jusqu'à ce que le dessous de l'omelette soit ferme et légèrement doré, en prenant soin qu'elle se détache bien et qu'elle ne roussisse pas.

Placer la poêle sous le grill à feu moyen pendant environ 5 minutes pour faire dorer le dessus de l'omelette, en surveillant attentivement.

Omelette au pesto rouge

Prêt en **20** minutes

4 œufs

4 c. à soupe de pesto rouge *(voir page 69)*

2 c. à soupe de menthe fraîche, hachée

3 c. à soupe de yogourt nature fermenté

Poivre noir fraîchement moulu

1 c. à soupe d'huile d'olive

1 petit oignon, haché

Casser les œufs dans un bol et ajouter le pesto rouge, la menthe, le yogourt et le poivre noir. Bien battre le tout.

Dans une poêle à omelette, faire chauffer l'huile, ajouter l'oignon, et cuire jusqu'à ce qu'il soit fondu. Verser le mélange d'œufs et cuire à feu moyen jusqu'à ce que l'omelette soit ferme et que sa base soit dorée. Placer la poêle sous le grill à feu moyen jusqu'à ce que le dessus de l'omelette soit cuit et bien doré.

EN GUISE D'ACCOMPAGNEMENT

Au dîner. Servir tout simplement avec quelques pommes de terre nouvelles, des tomates en dés et des feuilles de laitue.

Au souper. Servir avec une salade niçoise à l'oignon et à la tomate, ou l'un ou l'autre des plats d'accompagnement aux pages 96 et 97.

Soupe citronnée aux épinards

Les lentilles du Puy, petites et foncées, donnent beaucoup de goût et de texture à cette soupe. Si vous ne pouvez pas en acheter en conserve, faites cuire des lentilles du Puy sèches, ou substituez-y des lentilles vertes ordinaires. Pour deux personnes.

Prêt en 20 minutes

1 c. à soupe d'huile d'olive

1 oignon (environ 150 g / 5 oz), émincé

1 gousse d'ail, émincée

1 boîte (environ 400 g / 13 oz) de lentilles du Puy, égouttées et rincées

3 c. à thé de bouillon déshydraté

1 anis étoilé

1,25 litres (5 t.) d'eau

250 g (8 oz) d'épinards, finement déchiquetés

3 c. à soupe de jus de citron

Poivre noir fraîchement moulu

2 c. à soupe de yogourt nature fermenté

Dans une petite casserole, faire chauffer l'huile, et faire fondre l'oignon et l'ail. Réserver.

Placer les lentilles dans une casserole à fond épais, ajouter le bouillon déshydraté, puis l'anis étoilé et l'eau. Porter à ébullition, réduire la chaleur et laisser mijoter de 5 à 10 minutes. Ajouter les épinards déchiquetés, et lorsqu'ils sont réduits, incorporer le mélange d'oignon et d'ail, le jus de citron et le poivre noir, au goût.

Verser à parts égales dans deux bols et garnir chacun d'une cuillérée à soupe de yogourt ; servir immédiatement.

EN GUISE D'ACCOMPAGNEMENT

Au dîner. Accompagner d'un petit pain intégral.

Au souper. C'est un repas complet en soi, cependant vous pouvez y ajouter quelques extras, du brocoli vapeur ou plus d'épinards.

Filet de morue sur un lit d'épinards

Cette sauce aigre-douce à l'oignon transforme un simple filet de morue en un repas superbement satisfaisant. Vous pouvez remplacer la morue par n'importe quel autre poisson à chair blanche. Pour deux personnes.

Prêt en 30 minutes

2 ½ c. à soupe d'huile d'olive, et un peu plus pour le pinceau

1 oignon (environ 125 g / 4 oz), émincé

1 c. à thé de miel

150 ml (⅓ t.) de bouillon de poisson *(voir page 148)*

1 c. à soupe de vinaigre de vin blanc

1 c. à thé de sauce soja

1 c. à thé de moutarde

Quelques gouttes de sauce au poisson thaïlandaise (en option)

2 bons filets de morue (environ 150 g / 5 oz chacun), avec la peau

250 g (8 oz) d'épinards

Muscade fraîchement râpée

Placer un plat résistant à la chaleur dans un four préchauffé à 200°C/400°F/th. 6 pour un four au gaz.

Pour préparer la sauce à l'oignon, faire chauffer à feu moyen 2 cuillérées à soupe d'huile dans une casserole à fond épais. Faire fondre l'oignon jusqu'à ce qu'il soit doré. Ajouter le miel et cuire 10 minutes, ou jusqu'à ce que l'oignon caramélise. Ajouter le bouillon de poisson et le vinaigre, et laisser mijoter 8 à 10 minutes pour réduire le liquide de moitié. Ajouter la sauce soja et la moutarde, et la sauce au poisson thaïlandaise, au choix.

Faire cuire le poisson pendant que la sauce réduit. Chauffer ce qui reste d'huile d'olive dans une poêle à frire et cuire les filets, la peau du côté de la poêle, de 3 à 4 minutes jusqu'à ce que la peau soit croustillante. Avec un pinceau trempé dans l'huile d'olive, enduire la face supérieure des filets d'un peu d'huile.

Retirer le plat du four et y placer les filets, la peau vers le haut. Remettre le plat au four et poursuivre la cuisson 5 minutes.

Cuire les épinards à la vapeur dans un bain-marie, jusqu'à ce que les feuilles commencent à tomber. Saupoudrer d'un peu de muscade et garder au chaud jusqu'à ce que le poisson soit cuit. Servir avec la sauce à l'oignon.

EN GUISE D'ACCOMPAGNEMENT

Au dîner. Ajouter quelques pommes de terre nouvelles, nappées d'huile d'olive et saupoudrées de fines herbes.

Au souper. Servir avec plus d'épinards ou accompagné d'un des plats aux pages 96 et 97.

Tomates farcies aux quinoas

Les tomates Bifteck sont idéales à farcir car elles sont grosses et leur chair ferme et consistante ne s'écrasera pas en cours de cuisson. Ici, nous les avons farcies avec des quinoas bien assaisonnés, et les pignons leur donnent plus de croquant. Pour deux personnes.

Prêt en **30** minutes

EN GUISE D'ACCOMPAGNEMENT

Au dîner. Servir avec une petite pomme de terre en robe des champs et une salade verte.

Au souper. Servir un peu plus de quinoas comme plat d'accompagnement, avec une petite salade ou quelques lamelles de poivrons doux.

Environ 250 ml (1 t.) de bouillon de légumes *(voir page 149)*

100 g (3 ½ oz) de quinoas

2 grosses tomates Bifteck ou autre

Poivre noir fraîchement moulu

2 c. à soupe d'huile d'olive

1 oignon (environ 100 g / 3 ½ oz), haché

1 gousse d'ail, hachée

1 c. à soupe de jus de citron

Zeste râpé d'un demi citron

2 c. à soupe de pignons

1 c. à soupe de coriandre fraîche, hachée

2 c. à soupe de persil frais, haché

Dans une casserole à fond épais, faire chauffer le bouillon, ajouter les quinoas, remuer et laisser mijoter 15 minutes, ou jusqu'à ce que les quinoas soient tendres. Si le bouillon n'a pas été complètement absorbé, égoutter les quinoas à la passoire.

Pendant que les quinoas cuisent, enlever les capuchons des tomates et retirer les graines, en prenant soin de ne pas transpercer la peau. Moudre un peu de poivre noir dans les tomates. Préchauffer le four à 180°C/350°F/th. 4 pour un four au gaz.

Dans une poêle à fond épais, faire chauffer l'huile, ajouter l'oignon et l'ail, et cuire jusqu'à ce qu'ils soient dorés. Ajouter les quinoas, le jus de citron et le zeste, les pignons et les fines herbes hachées, et bien mélanger. Farcir les tomates avec cette mixture et compléter avec les « capuchons ». Placer les tomates dans un plat résistant à la chaleur, couvrir et cuire au four 15 minutes, ou jusqu'à ce que les tomates soient tendres.

Poulet à la thaïlandaise

Cette recette au goût frais et exotique est très facile à préparer. Faites quelques expériences avec des fines herbes et des épices différentes pour varier le résultat. Pour deux personnes.

Prêt en **30** minutes

EN GUISE D'ACCOMPAGNEMENT

Au dîner. Servir avec du riz brun. Garnir de quelques fines herbes fraîches hachées.

Au souper. Augmenter la portion de carottes et de céleri pour en faire un plat plus consistant, ou encore ajouter quelques fines herbes comme garniture.

1 poitrine de poulet, désossée et sans la peau (environ 125 g / 4 oz), coupée dans le sens du grain de la chair pour en faire 4 parts égales

2 c. à soupe de jus de citron

Poivre noir fraîchement moulu

2 petits poireaux (environ 150 g / 5 oz après les avoir nettoyés), émincés

125 g / 4 oz de carottes, râpées ou en julienne

2 branches de céleri, coupées en petits dés

3 petits oignons verts, coupés en deux dans le sens de la longueur

1 gros brin de citronnelle, tranché finement

4 brins de thym frais

200 ml (¾ t.) de bouillon de légumes *(voir page 149)*

2 c. à soupe de vin blanc sec (en option)

Placer les morceaux de poulet dans un bol avec le jus de citron et le poivre noir, bien mélanger et laisser mariner pendant que vous préparez les légumes.

Mettre les légumes, les fines herbes et le poulet dans une poêle à frire peu profonde munie d'un couvercle. Ajouter le bouillon, et le vin blanc, au choix. Porter à ébullition, couvrir et laisser mijoter à petit feu de 20 à 25 minutes, jusqu'à ce que le poulet soit cuit et que les légumes soient tendres. Servir immédiatement.

Plaki au poisson

La sauce tomate, savoureuse et épaisse, fait de ce plat un repas très consistant. Vous pouvez remplacer le poisson par du poulet si c'est ce que vous avez sous la main. Pour deux personnes.

Prêt en 30 minutes

1 c. à soupe d'huile d'olive, et un peu plus pour graisser le plat

1 tranche de pain de grains entiers ou de seigle, en chapelure

1 boîte (environ 225 g / 7 oz) de tomates broyées

2 c. à soupe de persil frais, haché

1 gousse d'ail, écrasée

1 c. à soupe de jus de citron

Une pincée de poivre de Cayenne

Poivre noir fraîchement moulu

350 à 400 g (11 ½ à 13 oz) de filets fermes de poisson blanc, par exemple : morue, aiglefin ou d'hoplostète orange

Préchauffer le four à 180°C/350°F/th. 4 sur un four au gaz. Graisser légèrement un plat résistant à la chaleur.

Placer la chapelure, les tomates, le persil, l'ail, le jus de citron et le poivre de Cayenne dans un poêlon. Assaisonner de poivre noir, au goût. Porter à ébullition et laisser mijoter quelques minutes, tout en remuant bien.

Placer le poisson dans le plat préparé, l'enduire d'huile au pinceau, et napper de sauce. Couvrir le plat de papier d'aluminium et cuire au four préchauffé environ 20 minutes, en fonction de l'épaisseur des filets, jusqu'à ce que le poisson soit bien cuit tout en restant humide. Servir immédiatement.

EN GUISE D'ACCOMPAGNEMENT

Au dîner. Servir avec du riz brun et une ratatouille *(voir page 96)*.

Au souper. Servir avec l'un des délicieux plats d'accompagnement des pages 96 et 97, ou avec l'une des purées des pages 66 et 67.

Salade d'avocat et de quinoa

Ce plat fait appel au quinoa, une céréale sans gluten qui affiche une bonne teneur en protéines. Le blé bulgur ou le couscous peuvent s'y substituer. Pour deux personnes.

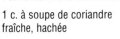

250 ml (1 t.) de bouillon de légumes *(voir page 149)*

125 g (4 oz) de quinoa

2 gros œufs de poule ou 6 œufs de caille, cuits dur

1 avocat

2 c. à soupe de jus de citron

2 petits oignons verts, émincés

100 g (3 ½ oz) de petits champignons bien fermes (blancs, bruns ou exotiques), lavés et tranchés

1 poivron jaune moyen, évidé, épépiné et coupé en julienne

6 olives noires, dénoyautées

Poivre noir fraîchement moulu

1 c. à soupe de coriandre fraîche, hachée

Huile d'olive, pour asperger

Dans une casserole à fond épais, faire chauffer le bouillon, ajouter le quinoa et laisser mijoter environ 20 minutes, jusqu'à ce que tout le bouillon soit absorbé.

Pendant que le quinoa cuit, écailler et trancher les œufs. Peler et trancher l'avocat (à la dernière minute, autant que possible) et l'asperger d'un peu de jus de citron pour éviter qu'il ne s'oxyde.

Lorsque le quinoa est cuit, ajouter ce qui reste du jus de citron et laisser le tout refroidir. Ajouter ensuite les autres ingrédients, asperger d'huile et servir.

EN GUISE D'ACCOMPAGNEMENT

Au dîner. C'est une salade très substantielle, elle peut donc être servie comme plat unique, cependant vous pouvez toujours l'accompagner d'une petite pomme de terre farcie.

Au souper. Bien que cette salade soit très copieuse, elle peut être servie avec quelques légumes potagers en julienne.

Sauces, salsas et compotes

Ces plats d'accompagnement sont remplis de toute une gamme de parfums, d'épices et de fines herbes, et ils sauront égayer n'importe quel repas. Toutes les recettes sont conçues pour deux personnes et, à l'exception de la sauce au yogourt, elles se conserveront au réfrigérateur pendant au moins quelques jours.

Salsa verte

Prêt en **15** minutes

½ concombre (environ 100 g / 3 ½ oz)

1 kiwi, pelé, coupé en moitiés et tranché

4 petits oignons verts, émincés

1 c. à soupe d'huile d'olive

Jus d'une demie lime

1 c. à thé de graines de coriandre écrasées (ou de coriandre moulue)

1 c. à soupe de coriandre fraîche, hachée

Poivre noir fraîchement moulu

½ c. à thé de pâte de curry vert thaïlandais (en option)

Trancher le concombre en quartiers, sans le peler, et couper la tranche à angle pour retirer la plupart des graines. Hacher grossièrement ce qui reste de concombre.

Placer tous les ingrédients dans un bol, bien mélanger et laisser reposer 10 minutes avant de vous en servir.

Sauce pour sauté à l'orange et aux cinq-épices

Prêt en **5** minutes

1 c. à soupe de poudre de cinq-épices (*voir page 148*)

Zeste d'une orange

150 ml (¾ t.) de jus d'orange

Jus d'un citron

Poivre noir fraîchement moulu

Placer tous les ingrédients dans un bol et bien mélanger. Servez-vous de ce mélange comme marinade ou comme sauce aromatique pour les sautés au poulet, les cubes de tofu, le poisson et les légumes mélangés.

Salsa rouge

Salsa verte

Sauce pour sauté à l'orange et aux cinq-épices

Salsa rouge

| Prêt en | 5 | minutes |

½ concombre (environ 100 g / 3 ½ oz)

1 petit oignon rouge, émincé

2 tomates moyennes, hachées

1 poivron rouge, évidé, épépiné et haché

1 piment rouge frais, finement haché (en option)

2 c. à soupe de coriandre fraîche, hachée

1 c. à soupe de ciboulette, cisaillée

1 c. à soupe de jus de lime

1 c. à soupe d'huile d'olive

Poivre noir fraîchement moulu

Trancher le concombre en quartiers, sans le peler, et couper la tranche à angle pour retirer la plupart des graines. Hacher grossièrement ce qui reste de concombre.

Placer tous les ingrédients dans un bol et bien mélanger. Assaisonner de poivre noir, au goût. Saupoudrer un peu de sel de mer sur la salsa, au goût. Servir immédiatement.

Sauce au yogourt et aux fines herbes

| Prêt en | 20 | minutes |

250 ml (1 t.) de yogourt nature fermenté

150 g (5 oz) de roquette, de cresson, d'épinards et de basilic frais

2 c. à soupe de jus de citron

Zeste râpé d'un demi citron

8 c. à soupe d'huile d'olive

1 gousse d'ail

100 g (3 ½ oz) de pignons

Passer tous les ingrédients au mélangeur. Pour vous rendre la tâche plus facile, ajouter les fines herbes au mélangeur petit à petit.

EN GUISE D'ACCOMPAGNEMENT

Au dîner. Enrober de sauce au yogourt quelques tranches d'avocat et de tomate. Un bon condiment à servir avec les aliments cuits au barbecue.

Au souper. La compote de poireaux est délicieuse avec des poitrines de poulet ou des filets de poisson.

Compote de poireaux

| Prêt en | 20 | minutes |

2 poireaux, les blancs seulement, émincés (environ 150 g / 5 oz en tout)

2 c. à soupe d'huile d'olive

Zeste râpé d'un citron

Zeste râpé d'une demie orange

1 c. à thé de jus de citron

½ c. à thé de sauce soja

Muscade fraîchement râpée

Poivre noir fraîchement moulu

1 c. à soupe de yogourt nature fermenté

1 petit oignon vert, paré et émincé

Placer les poireaux dans un grand poêlon avec l'huile d'olive et les zestes de citron et d'orange. Cuire à petit feu environ 15 minutes, en remuant à l'occasion, ou jusqu'à ce que les poireaux soient bien tombés et qu'ils commencent à caraméliser. Ajouter, tout en mélangeant, le jus de citron, la sauce soja, la muscade et le poivre noir, au goût. Ajouter ensuite le yogourt et brasser légèrement pour obtenir une sauce onctueuse. Servir chaud ou laisser refroidir avant de servir.

Compote de poireaux

Sauce au yogourt et aux fines herbes

Plats d'accompagnement

Ces plats aux légumes accompagnent merveilleusement bien le dîner ou le souper. Puisqu'ils se mangent chauds ou froids, vous pouvez les servir chauds au souper et manger le reste froid au dîner du lendemain ou comme collation. Chaque recette est conçue pour deux personnes.

Ratatouille

Prêt en **30** minutes

Les aubergines sont parfois amères, à moins qu'elles n'aient été dégorgées. Si vous avez le temps, tranchez-les (en tranches plus ou moins minces) en placez-les en plusieurs épaisseurs dans une passoire en saupoudrant chaque couche de sel. Laissez dégorger au moins 30 minutes pour évacuer l'amertume. Rincez, égouttez et asséchez.

4 c. à soupe d'huile d'olive

1 aubergine (environ 250 g / 8 oz), parée et coupée en tranches plus ou moins minces

2 courgettes (environ 250 g / 8 oz en tout), parées et coupées en tranches plus ou moins minces

1 gousse d'ail, émincée

4 tomates (environ 300 g / 10 oz), hachées grossièrement

2 c. à soupe de persil frais, haché

Poivre noir fraîchement moulu

Dans une grande poêle, faire chauffer l'huile, ajouter les légumes tranchés et l'ail. Cuire à petit feu environ 10 minutes, ou jusqu'à ce que le tout soit bien tendre et doré. Ajouter les tomates en les incorporant aux autres ingrédients, puis le persil et le poivre noir, au goût. Couvrir et poursuivre la cuisson environ 15 minutes à feu moyen, jusqu'à ce que tous les légumes soient bien tendres et bien mélangés. Remuer de temps en temps pour éviter qu'ils ne collent.

Note : ce plat pouvant être conservé au congélateur, c'est une bonne idée que d'en préparer une bonne quantité. Servez-vous de cette ratatouille au lieu de la version en conserve demandée pour la recette de ragoût de pois chiches à la ratatouille *(voir page 137)*.

EN GUISE D'ACCOMPAGNEMENT

Au dîner. Essayez la niçoise à la tomate et à l'oignon, ou des pâtes avec une sauce à la ratatouille accompagnées de poulet ou de poisson, et conservez ce qui reste comme collation à manger avec des cubes de feta.

Au souper. Tous ces plats accompagnent bien le poulet au barbecue ou grillé au four, ou encore l'une ou l'autre des recettes de saumon aux pages 124 et 125.

Niçoise à l'oignon et à la tomate

Prêt en **30** minutes

2 c. à soupe d'huile d'olive

2 oignons (environ 250 g / 8 oz), coupés en moitiés et émincés

1 gousse d'ail, écrasée

1 brin de romarin frais
(ou ½ c. à thé de romarin séché)

2 brins de thym
(ou 1 c. à thé de thym séché)

1 feuille de laurier

2 ou 3 tomates (environ 250 g / 8 oz), tranchées

12 olives noires, dénoyautées

6 filets d'anchois (lavés si salés, égouttés si dans l'huile), hachés

Poivre noir fraîchement moulu

Dans une grande poêle à fond épais, faire chauffer l'huile, ajouter l'oignon, l'ail et les fines herbes, et cuire doucement pendant 20 minutes, jusqu'à ce qu'ils soient tendres et dorés. Ajouter les tomates et cuire quelques minutes de plus, jusqu'à ce qu'elles soient tendres, puis ajouter les olives et les filets d'anchois. Assaisonner de poivre noir, au goût, et servir immédiatement.

Note : si vous laissez cuire doucement pendant une heure supplémentaire, les ingrédients auront fusionné au point que vous ne pourrez les différencier.

Jeunes betteraves à la sauce au raifort

Prêt en **15** minutes

4 à 6 jeunes betteraves (environ 350 g / 11 ½ oz)

60 g (2 oz) de tofu à texture fine (ou de tofu ordinaire)

2 c. à soupe de sauce au raifort *(voir page 149)*

2 c. à soupe de jus de citron

Poivre noir fraîchement moulu

Ne pas retirer les tiges et les queues des betteraves et s'assurer que la peau soit intacte. Vous éviterez ainsi le jus ne soit évacué en trop grande quantité pendant la cuisson. Les faire bouillir 25 minutes dans une eau légèrement salée, ou les placer au four à 180°C/350°F/th. 4 pour un four au gaz, pendant plus ou moins 25 minutes après les avoir aspergées d'huile d'olive.

Une fois les betteraves cuites, il suffit de les peler, de retirer leurs tiges et leurs queues et de les couper en dés.

Pour la sauce, passer le tofu, la sauce au raifort, le jus de citron et le poivre noir au mélangeur jusqu'à obtenir une sauce onctueuse et crémeuse, en ajoutant un peu d'eau au besoin. Faire chauffer la sauce dans une casserole et en napper les betteraves. Servir chaud comme plat d'accompagnement, ou froid en tant que salade.

Sauté de légumes

Prêt en **10** minutes

1 c. à soupe de graines de carvi

1 c. à soupe d'huile d'olive

150 g (5 oz) de chou pommé vert (la partie centrale rigide retirée), déchiqueté

100 g (3 ½ oz) de carottes, râpées grossièrement

1 c. à soupe de jus de citron

Faire chauffer un wok ou une poêle à frire. Ajouter les graines de carvi et les faire rôtir à sec, de 2 à 3 minutes. Ajouter l'huile d'olive et les légumes, et mélanger pour bien enrober les légumes d'huile. Ajouter le jus de citron et faire sauter environ 5 minutes, jusqu'à ce que les légumes soient bien chauds.

Jeunes betteraves à la sauce au raifort

Espadon à la coriandre et à la lime

Pour cette recette, vous pouvez remplacer l'espadon par du thon ; les deux font des steaks denses et charnus. L'été venu, cuisez-les sur le barbecue. Pour deux personnes.

Prêt en 20 minutes

2 cuillérées à thé de graines de coriandre

2 cuillérées à thé de graines de fenouil

Jus d'une lime

2 steaks d'espadon (environ 150 g / 5 oz chacun)

Poivre noir fraîchement moulu

1 c. à soupe d'huile d'olive

Moudre les graines au mortier ou au broyeur, ou écrasez-les avec un rouleau à pâte. Presser le jus de lime sur les steaks et assaisonner de poivre noir, puis saupoudrer les graines broyées en les comprimant bien sur les steaks. Mettre les steaks de côté environ 5 minutes afin que les arômes pénètrent bien le poisson.

Dans une poêle à frire sur un feu moyen, faire chauffer l'huile, ajouter les steaks et laisser cuire environ 4 minutes de chaque coté. Les steaks doivent être tout juste cuits et bien dorés à l'extérieur. Servir immédiatement.

EN GUISE D'ACCOMPAGNEMENT

Au dîner. Ajoutez un peu de salsa rouge *(voir page 94)* et quelques tomates cerise avec une portion de riz brun ou de couscous.

Au souper. Servir avec un sauté aux légumes ou l'un des plats d'accompagnement des pages 96 et 97.

Soupe à la tomate et au poivron rouge avec des fèves cannellini | **DÎNER OU SOUPER**

Les fèves peuvent être remplacées par d'autres légumineuses en fonction de ce que vous avez sous la main. Cette soupe se conserve bien au congélateur, vous aurez donc avantage à en faire une grande chaudrée. Pour deux personnes.

Prêt en 20 minutes

1 c. à soupe d'huile d'olive

1 oignon (environ 125 g / 4 oz), émincé

1 gousse d'ail, émincée

1 gros poivron rouge, évidé, épépiné et haché

1 boîte (400 g / 13 oz) de tomates en dés

1 c. à soupe de purée de tomates

½ c. à thé de paprika

1 grand brin de thym frais ou ½ c. à thé de thym séché

1 boîte (400 g / 13 oz) de fèves cannellini

500 ml (2 t.) de bouillon de légumes *(voir page 149)*

Une bonne mesure de feuilles de basilic déchiquetées pour la garniture

Dans une casserole à fond épais, faire chauffer l'huile, ajouter l'oignon, l'ail et le poivron rouge, et laisser cuire jusqu'à ce qu'ils soient tendres et translucides.

Ajouter les autres ingrédients. Porter à ébullition, réduire la chaleur et laisser mijoter doucement 15 minutes. Garnir de feuilles de basilic avant de servir.

EN GUISE D'ACCOMPA-GNEMENT

Au dîner. Accompagner d'une tranche de pain intégral ou de seigle.

Au souper. Incorporer d'autres légumes hachés à la soupe, tels que du fenouil, du céleri, du brocoli ou du chou, en même temps que les poivrons.

Soupes santé

Ces soupes se prêtent bien à un dîner ou à un souper rapide. De plus, elles se conservent jusqu'à trois jours au réfrigérateur, vous avez donc intérêt à en préparer une grande chaudrée pour gagner du temps. Le gaspacho et la soupe aux champignons se conservent un mois au congélateur. Toutes ces soupes constituent des repas équilibrés et protéiniques, et les recettes sont conçues pour deux personnes.

EN GUISE D'ACCOMPAGNEMENT

Au dîner. Servir avec une tranche de pain de seigle ou un petit pain intégral croûté.

Au souper. Ajouter quelques légumes supplémentaires à la soupe afin d'augmenter le ratio de glucides complexes.

Soupe aux crevettes et au cresson

Soupe aux crevettes et au cresson

Prêt en **10** minutes

2 bottes de cresson (environ 150 g / 5 oz), déchiquetées grossièrement

Environ 45 g (1 ½ oz) de jeunes pousses d'épinard, hachées grossièrement

3 grands brins de persil

2 brins de menthe

600 ml (2 ½ t.) de bouillon de légumes *(voir page 149)*

Jus d'un demi citron

Poivre noir fraîchement moulu

6 c. à soupe de yogourt nature fermenté

1 œuf

12 à 16 crevettes cuites

Menthe ou basilic pour la garniture

Placer tous les ingrédients, sauf les crevettes et la garniture, dans un mélangeur. Bien agiter jusqu'à l'obtention d'une texture très fine. Verser dans une casserole et faire chauffer doucement, juste en-dessous du point d'ébullition. Bien que l'œuf empêche le yogourt de cailler, la soupe ne doit pas bouillir ni être laissée à mijoter trop longtemps.

Diviser les crevettes en parts égales dans deux bols, y verser la soupe et garnir de menthe ou de basilic.

Soupe aux champignons et aux lentilles

Prêt en **30** minutes

300 g (10 oz) de champignons, hachés grossièrement

150 g (5 oz) d'oignon, haché

2 c. à soupe d'huile d'olive

1 feuille de laurier

3 brins de thym frais, ou 1 c. à thé de thym séché

600 ml (2 ½ t.) de bouillon de légumes *(voir page 149)*

2 c. à soupe de purée de tomates

Poivre noir fraîchement moulu

1 c. à soupe de ketchup de champignons (ou de sauce soja, au choix)

1 boîte (environ 400 g / 13 oz) de lentilles, égouttées et rincées

2 c. à soupe de yogourt nature fermenté

Placer les champignons et l'oignon dans un robot culinaire et mélanger jusqu'à l'obtention d'une pâte.

Dans une casserole à fond épais, faire chauffer l'huile, ajouter la pâte de champignons et d'oignon ainsi que les fines herbes. Cuire 5 minutes. Ajouter le bouillon, la purée de tomates, le poivre noir et le ketchup de champignons ou la sauce soja, porter à ébullition et laisser mijoter 20 minutes.

Retirer les brins de fines herbes de la poêle et ajouter les lentilles en remuant. Poursuivre la cuisson environ 5 minutes. Diviser la soupe en parts égales dans deux bols, garnir chacun d'une cuillérée à soupe de yogourt et servir immédiatement.

Gaspacho minute

Prêt en **10** minutes

1 boîte (environ 400 g / 13 oz) de tomates

1 oignon rouge (environ 150 g / 15 oz), haché grossièrement

1 poivron, de n'importe quelle couleur, évidé, épépiné et haché grossièrement

½ concombre (environ 150 g / 5 oz), haché grossièrement

1 c. à soupe de jus de citron

1 c. à soupe d'huile d'olive

1 c. à soupe de purée de tomates

300 ml (1 ¼ t.) de jus de légumes

1 grand brin de persil

2 ou 3 brins de basilic

Poivre noir fraîchement moulu

90 g (3 oz) de flocons de poisson, de poulet ou de maquereau fumé, ou 4 c. à soupe de pois chiches

Un petit oignon vert, un peu de tomate et de concombre, hachés finement et mélangés, pour la garniture

Passer tous les ingrédients au mélangeur (incluant le jus de la boîte de tomates), sauf le poisson ou le poulet et la garniture. Agiter jusqu'à obtenir une texture lisse.

Diviser le poisson ou le poulet en parts égales dans deux bols et y verser la soupe froide. Garnir d'une cuillérée à soupe du mélange de garniture et servir.

Sauté au poulet et aux noix de cajou

Les sautés sont une bonne option santé car ils utilisent peu d'huile et les légumes peuvent être cuits légèrement pour conserver leurs nutriments. Pour deux personnes.

Prêt en **20** minutes

EN GUISE D'ACCOMPAGNEMENT

Au dîner. Servir avec des nouilles au sarazin.

Au souper. En même temps que vous ajoutez le brocoli, mettez-y un peu plus de légumes, tels que des champignons, des pois mangetout ou du pak-choï pour augmenter l'apport en glucides complexes.

1 poitrine de poulet désossée, sans la peau (environ 150 g / 5 oz)

1 c. à thé de pâte de cinq-épices *(voir page 148)*

1 c. à thé de pâte de tamarin *(voir page 149)*

1 c. à soupe de sauce soja

1 gousse d'ail

Jus d'un demi citron

1 c. à soupe de vin blanc ou d'eau

60 g (2 oz) de noix de cajou non-salées

1 c. à soupe d'huile d'olive

125 g (4 oz) de petits fleurets de brocoli

2 petits oignons verts, parés et coupés en julienne de 7 cm (3 po)

Couper le poulet en lamelles. Placer la pâte de cinq-épices et de tamarin, la sauce soja, l'ail, le jus de citron et le vin ou l'eau dans un bol et bien mélanger. Ajouter les lamelles de poulet et laisser mariner en fonction du temps dont vous disposez (de préférence, environ 30 minutes).

Faire chauffer un wok ou une poêle à frire, y ajouter les noix de cajou et les faire rôtir à sec, en les remuant jusqu'à ce qu'elles soient dorées. Retirer les noix de la poêle et réserver.

Verser l'huile d'olive dans la poêle et faire chauffer à petit feu. Soulever les lamelles de poulet mariné avec une cuillère à rainures, les placer dans la poêle et sauter environ 5 minutes. Ajouter la marinade, le brocoli et les petits oignons verts et cuire encore 5 minutes, en ajoutant un peu d'eau si le mélange parait trop sec. Pour terminer, ajouter les noix de cajou et servir.

Soupe aux légumes et aux haricots

DÎNER OU SOUPER

Cette recette donne plus ou moins huit portions. Les restes peuvent être conservés au réfrigérateur pendant trois jours, ou au congélateur pendant un mois.

Prêt en 25 minutes

2 c. à soupe d'huile d'olive

2 oignons (environ 300 g / 10 oz), hachés

2 gousses d'ail, hachées

2 branches de céleri, parées et tranchées finement

100 g (3 ½ oz) d'haricots verts, parés et tranchés en longueurs de 3 cm (1 ½ po)

1 c. à thé de graines de coriandre fraîchement moulues

1 boîte (environ 400 g / 13 oz) de tomates en dés

1 litre (4 t.) de bouillon de légumes *(voir page 149)*

100 g (3 ½ oz) de chou pommé vert, déchiqueté

2 carottes (environ 200 g / 7 oz), râpées

1 boîte (environ 400 g / 13 oz) de fèves cannellini

Fromage de chèvre ferme, ou tout autre fromage ferme, râpé, pour la garniture

Dans une grande poêle à fond épais, faire chauffer l'huile et ajouter les oignons. Laisser cuire doucement à feu moyen pendant environ 5 minutes, jusqu'à que ce les oignons soient fondus.

Ajouter l'ail, le céleri, les haricots verts et la coriandre moulue dans la poêle, bien mélanger et laisser cuire 5 minutes. Ajouter ensuite les tomates et le bouillon, et laisser mijoter encore 5 minutes. Ajouter le chou, les carottes et les fèves et laisser le tout mijoter de 5 à 10 minutes.

Garnir d'un peu de fromage râpé et servir.

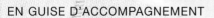

EN GUISE D'ACCOMPAGNEMENT

Au dîner. Cette soupe contient tous les éléments essentiels à un bon dîner. À servir avec un petit pain intégral.

Au souper. Ajoutez un peu plus de céleri, d'haricots et de chou, au choix, ou servir avec une salade verte ou autre salade d'accompagnement *(voir pages 120 et 121)*.

Crêpes farcies

Si vous avez fait une fournée de crêpes en suivant la recette de base, elles se conserveront au réfrigérateur une journée et jusqu'à un mois au congélateur. Avant de les placer au congélateur, séparez-les par une pellicule plastique. Pour les réchauffer, placez-les une à la fois dans une petite poêle à frire. Retournez la crêpe dès qu'un côté est chaud. La recette de base donne huit crêpes et chaque recette de farce est conçue pour deux personnes.

Crêpes

Prêt en **20** minutes

100 g (3 ½ oz) de farine de sarrasin

1 gros œuf

300 ml (1 ¼ t.) de liquide, soit deux part égales de lait et d'eau, ou uniquement de l'eau

Poivre noir fraîchement moulu

Placer la farine dans un grand bol. Creuser un puits au milieu et y casser l'œuf. Ajouter le liquide petit à petit, tout en fouettant bien, jusqu'à ce que le mélange ait la consistance d'une crème légère. Selon la taille de l'œuf, il faudra plus ou moins de liquide que la mesure indiquée. Ajouter un peu de poivre noir moulu.

Faire chauffer une poêle à frire à fond plat ou une crêpière, en l'enduisant d'une huile légère avec une serviette en papier avant qu'elle ne soit trop chaude. Une fois chaude, verser un huitième du mélange au centre, en inclinant la poêle pour bien le répandre. Faire cuire une ou deux minutes, jusqu'à ce que la crêpe commence à faire des bulles sur son pourtour. La retourner avec une spatule et poursuivre la cuisson une ou deux minutes.

Lorsque la crêpe est cuite, la placer sur une assiette recouverte d'une pellicule plastique et démarrer une autre crêpe ; la recette donne huit crêpes. Empiler les crêpes au fur et à mesure sur l'assiette, en les séparant d'une pellicule plastique.

Roulé aux champignons sauvages et au jambon de Parme

Prêt en **15** minutes

2 c. à soupe d'huile d'olive

250 g (8 oz) de champignons sauvages assortis, tranchés

6 tomates séchées au soleil conservées dans l'huile d'olive, coupées en julienne

Zeste d'un demi citron

1 c. à soupe de persil frais, haché

Poivre noir fraîchement moulu

2 crêpes *(voir ci-contre)*

2 poignées de feuilles de laitue

Huile de noix de Grenoble, pour asperger

2 tranches de jambon de Parme, coupé en lamelles

1 c. à soupe de jus de citron

Faire chauffer l'huile d'olive dans une poêle à frire, ajouter les champignons, les tomates et le zeste du citron, et cuire environ 10 minutes ou jusqu'à ce que les champignons soient tendres. Ajouter le persil et le poivre noir tout en mélangeant.

Placer chaque crêpe sur une assiette, garnir d'une poignée de feuilles de laitue et asperger d'huile de noix de Grenoble. Diviser le mélange de champignons, le jambon de Parme et le jus de citron entre les deux crêpes, et les rouler pour terminer.

Roulé aux champignons sauvages et au jambon de Parme

Roulé aux graines de sésame, aux épinards et à l'œuf poché

Prêt en **10** minutes

1 c. à soupe comble de graines de sésame

2 c. à soupe d'huile d'olive

1 petit oignon, émincé

1 gousse d'ail, hachée

250 g (8 oz) d'épinards frais, lavés et grossièrement déchiquetés

1 c. à soupe de jus de citron

Poivre noir fraîchement moulu

2 œufs

2 crêpes *(voir ci-contre)*

Faire chauffer un wok ou une poêle à frire, y placer les graines de sésame et les faire rôtir à sec jusqu'à ce qu'elles soient dorées. Les réserver dans un petit bol.

Verser l'huile d'olive dans la poêle et faire cuire l'oignon et l'ail jusqu'à ce qu'ils soient dorés. Ajouter les épinards, le jus de citron et le poivre. Sauter jusqu'à ce que les épinards soient tombés, puis réserver.

Casser chaque œuf dans une soucoupe et les faire glisser dans une casserole d'eau bouillante à laquelle un soupçon de vinaigre a été ajouté. Pocher les œufs jusqu'à ce qu'ils soient fermes, les retirer de l'eau avec une cuillère à rainures, puis les laisser s'égoutter pendant que vous préparez ou réchauffez les crêpes.

Placer la moitié du mélange d'épinards et un œuf sur une crêpe, garnir de la moitié des graines de sésame et plier en deux. Laisser chauffer quelques minutes dans la poêle pour que tous les ingrédients soient chauds. Répéter l'opération avec la deuxième crêpe.

Roulé de calmar à l'asiatique

Prêt en **20** minutes

250 g (8 oz) de calmars, nettoyés et sans le cartilage

6 cm (2 ½ po) de la grosse extrémité d'une tige de citronnelle, tranchée finement

1 ½ c. à soupe de jus de citron

1 c. à soupe de sauce au poisson thaïlandaise

1 cm (½ po) de racine de gingembre frais, pelée et râpée

2 petits oignons verts, parés et tranchés

½ poivron orange, jaune ou rouge, évidé, épépiné et haché

2 crêpes *(voir ci-contre)*

Une bonne poignée de feuilles de laitue

Huile de noix de Grenoble ou de sésame, pour asperger

Quelques feuilles de basilic

Quelques feuilles de coriandre

Découper le calmar en rondelles et hacher les tentacules grossièrement. Placer le tout dans une casserole d'eau bouillante et laisser mijoter environ une minute, ou jusqu'à ce que les morceaux soient opaques et tendres. Égoutter et réserver.

Placer la citronnelle dans un bol avec le jus de citron, la sauce au poisson, le gingembre, les petits oignons verts et le poivron. Ajouter le calmar et bien mélanger le tout.

Placer chaque crêpe sur une assiette et garnir de parts égales de feuilles de laitue. Asperger d'un peu d'huile et compléter chaque crêpe avec le mélange de calmars. Ajouter quelques feuilles de basilic et de coriandre avant de rouler.

Note : Le calmar peut être remplacé par du thon ou des crevettes cuites.

Roulé à l'avocat et aux pétoncles

Prêt en **10** minutes

1 avocat bien mûr, pelé et débité en cubes

8 tomates cerise bien mûres, coupées en quartiers

1 c. à soupe de ciboulette, cisaillée

2 poignées de feuilles de laitue

1 c. à soupe d'huile d'olive

4 pétoncles dont les coraux et les blancs ont été séparés, les blancs coupés en moitiés

2 crêpes *(voir ci-contre)*

Pour la vinaigrette :

3 c. à soupe d'huile d'olive

1 c. à soupe de jus de lime

1 c. à soupe de persil haché

1 c. à thé de moutarde de Dijon

Poivre noir fraîchement moulu

Pour préparer la vinaigrette, placer tous les ingrédients dans un bol et bien mélanger.

Placer l'avocat, les tomates et la ciboulette dans un bol et recouvrir des deux tiers de la vinaigrette. Réserver. Dans une poêle à frire, faire chauffer doucement l'huile d'olive, puis cuire les pétoncles 2 minutes de chaque côté.

Placer chaque crêpe sur une assiette. Diviser les feuilles de laitue, le mélange d'avocats et ce qui reste de la vinaigrette en part égales sur les crêpes, compléter avec les pétoncles, et rouler le tout pour terminer.

Poireaux en sauce au pesto rouge et au tofu

Une manière délicieuse de présenter les poireaux. Cette recette se prête également bien aux bulbes de fenouil, lesquels doivent être coupés en quartiers ou en tranches épaisses avant de les cuire à la vapeur.

Prêt en **20** minutes

EN GUISE D'ACCOMPAGNEMENT

Au dîner. Servir avec du pain de seigle et des feuilles de laitues enrobées de vinaigrette *(voir pages 114 et 115)*

Au souper. Ajouter un autre poireau ou un mélange de fenouil et de poireau.

4 poireaux moyens

4 c. à soupe de pesto rouge *(voir page 69)*

75 g (2 ½ oz) de tofu

Jus d'un demi citron

125 à 150 ml (½ à ¾ t.) de bouillon de légumes *(voir page 149)*

Poivre noir fraîchement moulu

30 g (1 oz) de fromage de chèvre à pâte ferme, ou tout autre fromage à pâte ferme, râpé finement

Parer et laver les poireaux, puis les couper en deux dans le sens de la longueur. Les cuire à la vapeur ou dans un bain-marie couvert, de 10 à 15 minutes jusqu'à ce qu'ils soient tendres.

Pendant ce temps, mélanger dans un bol le pesto rouge, le tofu et le jus de citron, et y ajouter suffisamment de bouillon ou de jus de légumes pour en faire une sauce épaisse. Verser dans une casserole et amener juste en dessous du point d'ébullition. Assaisonner de poivre noir, au goût.

Lorsque les poireaux sont cuits, les placer dans un plat résistant à la chaleur, napper de sauce et saupoudrer de fromage râpé. Placer le plat quelques minutes sous le grill, jusqu'à ce que le fromage soit doré, puis servir.

Sauté Cajun au poisson

Les petits épis de maïs sucré peuvent être remplacés par du maïs sucré en grains. Si vous n'avez pas de poudre d'oignon sous la main, substituez-y de l'oignon émincé. Pour deux personnes.

Prêt en 15 minutes

250 g (8 oz) de filets de poisson à chair ferme, de morue, d'aiglefin ou d'hoplostète, par exemple, coupés en morceaux

½ c. à thé de chaque : paprika, cannelle, muscade, gingembre, poivre noir et poudre d'oignon, mélangés

60 g (2 oz) de petits épis de maïs sucré, coupés en moitiés, ou 60 g (2 oz) de maïs sucré en grains

125 g (4 oz) de pois mangetout, parés

1 courgette (environ 125 g / 4 oz), coupée en rondelles épaisses

2 c. à soupe d'huile d'olive

Jus d'un demi citron

Coriandre fraîche, hachée, pour la garniture

EN GUISE D'ACCOMPAGNEMENT

Au dîner. Servir avec des nouilles de sarrasin ou du riz brun et une salade composée.

Au souper. Ajouter quelques légumes fibreux au sauté, du brocoli ou du chou par exemple.

Placer le poisson dans un bol, saupoudrer les épices mélangées et bien touiller. Mettre de côté et laisser mariner.

Placer les légumes dans une petite poêle, couvrir d'eau et porter à ébullition. Laisser mijoter environ 30 secondes, puis égoutter les légumes.

Faire chauffer l'huile d'olive dans un wok ou une poêle à frire chaude, ajouter les morceaux de poisson et faire sauter environ

5 minutes tout en surveillant, jusqu'à ce que le tout soit bien cuit et doré. Ne pas laisser les morceaux de poisson d'effilocher. Les retirer de la poêle avec une cuillère à rainures et réserver.

Placer les légumes et le jus de citron dans la poêle et faire sauter environ 5 minutes, jusqu'à ce que les légumes soient chauds. Incorporer délicatement le poisson et garnir de coriandre avant de servir.

Sautés simples

Les sautés sont une solution formidable lorsque vous devez préparer un repas rapide et nutritif. De plus, ils sont très polyvalents et vous pourrez y substituer n'importe quel légume que vous avez sous la main plutôt que de suivre la recette à la lettre. Chaque recette est conçue pour deux personnes.

Sauté de crevettes et de poivrons doux

| Prêt en **15** minutes |

200 g (7 oz) de crevettes géantes, cuites

2 c. à soupe d'huile d'olive

3 petits oignons verts, parés et tranchés finement

100 g (3 ½ oz) de pois mangetout, parés

½ poivron rouge, évidé, épépiné et tranché

100 g (3 ½ oz) de champignons, tranchés

100 g (3 ½ oz) de fèves germées

75 g (2 ½ oz) de feuilles de chou chinois, déchiquetées

Pour la sauce:

1 c. à thé de miel

½ c. à thé de poudre de chili

1 gousse d'ail, écrasée et hachée

1 cm (½ po) de racine de gingembre frais, pelée et râpée

2 c. à soupe de vinaigre de cidre

2 c. à soupe de sauce au poisson thaïlandaise

4 c. à soupe de bouillon de légumes *(voir page 149)*

Commencer par préparer la sauce. Placer tous les ingrédients dans un bol et bien mélanger le tout. Ajouter les crevettes et réserver pendant que vous préparez les légumes.

Faire chauffer l'huile dans un wok ou une poêle à frire, ajouter les petits oignons verts et sauter une minute. Ajouter les pois mangetout, le poivron et les champignons et sauter 3 à 4 minutes, jusqu'à ce que le tout soit chaud et que les pois mangetout commencent à tomber.

Ajouter les fèves germées et les feuilles de chou chinois en mélangeant, puis les crevettes et la sauce, et laisser mijoter encore 3 à 4 minutes pour que le tout soit chaud. Servir immédiatement.

Sauté de crevettes et de poivrons doux

Sauté de feta, de tomates et de haricots

Prêt en **10** minutes

150 g (5 oz) d'haricots verts, parés

20 g (¾ oz) de pignons

1 c. à soupe d'huile d'olive

1 gousse d'ail, émincée

1 c. à soupe de jus de citron

1 c. à soupe comble de moutarde de Dijon

6 tomates cerise, coupées en moitiés

4 tomates séchées au soleil et conservées dans l'huile, égouttées et tranchées finement

30 g (1 oz) d'olives noires, dénoyautées

½ boîte de 400 g (13 oz) d'haricots rouges, égouttés et rincés

1 c. à soupe de vinaigre balsamique

2 grands brins de thym frais, hachés finement

Poivre noir fraîchement moulu

100 g (3 ½ oz) de fromage feta, en cubes

Quelques feuilles de basilic pour la garniture

Placer les haricots dans l'eau et laisser mijoter une minute, puis les égoutter et réserver.

Faire chauffer un wok ou une poêle à frire, y mettre les pignons et les rôtir à sec doucement 2 minutes jusqu'à ce qu'ils soient légèrement dorés, en les remuant constamment. Les retirer de la poêle et réserver.

Faire chauffer l'huile dans le wok, ajouter les haricots verts et l'ail, et cuire à feu doux 1 à 2 minutes. Ajouter le jus de citron et la moutarde, en mélangeant pour bien enrober les haricots. Ajouter les tomates et mélanger jusqu'à obtenir un mélange juteux. Incorporer les olives, les haricots rouges, le vinaigre, le thym et le poivre noir. Lorsque le tout est bien chaud, ajouter les pignons et le fromage. Garnir de feuilles de basilic et servir.

Sauté aux rubans de sésame

Prêt en **20** minutes

1 patate douce (environ 150 g / 5 oz), pelée, ou deux carottes (environ 150 g / 5 oz), nettoyées et parées

1 courgette (environ 150 g / 5 oz), coupée en deux dans le sens de la longueur et vidée de ses graines

3 c. à soupe d'huile d'olive

3 petits oignons verts, parés et coupés finement dans le sens de la longueur

1 gousse d'ail, écrasée

1 c. à soupe de jus de citron

1 c. à soupe de graines de sésame pour la garniture

Pour les rubans d'œufs :

2 œufs

1 c. à soupe d'eau

Poivre noir fraîchement moulu

2 c. à soupe de coriandre, hachée

1 c. à soupe d'huile d'olive

Pour la sauce :

2 c. à soupe de sauce soja

1 c. à soupe d'huile de sésame

1 c. à soupe de vinaigre de cidre

¼ à ½ c. à thé de poudre de chili

½ c. à thé de miel

1 c. à soupe d'eau

Pour commencer, préparer les rubans d'œuf. Placer tous les ingrédients dans un bol, et les battre légèrement. Faire une omelette plate *(voir page 139, Riz au cumin à l'omelette en rubans)*. Rouler l'omelette lorsqu'elle est encore chaude et laisser refroidir pendant que vous préparez les autres éléments du sauté.

Pour faire la sauce, mélanger tous les ingrédients dans un bol et réserver.

Avec un économe, éplucher la patate douce, ou les carottes, et la courgette en julienne ou en rubans.

Faire chauffer l'huile dans un wok ou dans une poêle à frire, et y faire sauter les petits oignons verts et d'ail pendant une minute. Ajouter les rubans de légume-racine et sauter environ 2 minutes, puis ajouter les rubans de courgette et le jus de citron. Faire sauter environ 3 minutes jusqu'à ce que tous les légumes soient chauds et bien tendres. Ajouter la sauce et porter à ébullition. Trancher l'omelette rapidement en rubans.

Servir avec les rubans d'omelette et garnir de graines de sésame.

EN GUISE D'ACCOMPAGNEMENT

Au dîner. Pour un dîner parfait, servir avec une portion de nouilles de riz.

Au souper. Ajoutez quelques légumes au sauté ou servir avec une petite salade verte.

Thon grillé aux haricots et aux pâtes

Si vous n'avez pas de thon frais sous la main, prenez du thon en conserve, dans l'eau de source plutôt que dans l'huile ou la saumure. Pour deux personnes.

Prêt en 20 minutes

90 g (3 oz) de pâtes (de sarrasin, de blé ou intégrales)

2 c. à soupe d'huile d'olive

100 g (3 ½ oz) d'haricots verts, parés et coupés en deux

½ poivron rouge ou orange, évidé, épépiné et tranché en lanières

1 steak de thon frais de 150 g (5 oz)

30 g (1 oz) d'oignon rouge, émincé

Pour la sauce :

4 c. à soupe d'huile d'olive

2 c. à soupe de jus de citron

1 gousse d'ail, écrasée

2 c. à soupe de persil frais, haché

Faire cuire les pâtes en suivant les consignes du fabricant. Bien les égoutter puis les remettre dans la casserole. Asperger d'une cuillérée à thé d'huile d'olive pour empêcher qu'elles ne collent, et réserver.

Faire cuire les haricots et le poivron à la vapeur dans un bain-marie d'eau légèrement frémissante pendant environ 5 minutes, ou jusqu'à ce qu'ils soient cuits tout en demeurant fermes.

Si vous utilisez du thon frais, enduisez-le d'huile d'olive et saisissez-le 6 à 8 minutes à la poêle ou sous un grill chaud, en le retournant au moins une fois, ou jusqu'à ce qu'il soit cuit. Le défaire en morceaux.

Placer les pâtes, les haricots, le poivron, les morceaux de thon et l'oignon rouge dans un grand plat de service (si vous utilisez du thon en conserve, ajoutez-le en même temps). Napper de sauce et touiller pour bien mélanger le tout. Servir immédiatement.

Poulet fumé dans une sauce aux piments doux

Si vous n'avez pas de poulet fumé, vous pouvez y substituer du poulet cuit, ou pourquoi pas les restes d'un poulet grillé ou rôti ? Pour deux personnes.

Prêt en **10** minutes

EN GUISE D'ACCOMPAGNEMENT

Au dîner. Accompagner de riz brun ou de nouilles au sarrasin.

Au souper. Ajouter une poignée d'épinards, de fleurets de brocoli ou tout autre légume vert en même temps que les pois mangetout.

1 c. à soupe d'huile d'olive

75 g (2 ½ oz) de pois mangetout

60 g (2 oz) d'oignon, émincé

1 gousse d'ail, écrasée

150 g (5 oz) de pois chiche en conserve, égouttés et rincés

3 ou 4 brins de thym, hachés

100 g (3 ½ oz) de poulet fumé, coupé en fines lamelles

Pour la sauce aux piments doux :

1 c. à thé comble de pâte de chili

2 c. à soupe de jus d'orange

1 c. à thé de jus de citron

1 c. à thé de miel, allongée à 60 ml (2 oz)
avec 3 c. à soupe d'eau

Commencer par assembler la sauce aux piments doux. Fouetter tous les ingrédients à la fourchette dans un bol.

Faire chauffer l'huile dans un wok ou dans une poêle à frire, ajouter les pois mangetout et l'oignon et cuire jusqu'à ce que l'oignon soit translucide. Ajouter l'ail, les pois chiches et la sauce aux piments doux, et cuire jusqu'à ce que les pois chiches soient chauds. Ajouter le thym et le poulet et poursuivre la cuisson tout en mélangeant, jusqu'à ce que le poulet soit chaud, puis servir.

Salade de légumes-racine au fromage de chèvre

Une salade copieuse à base de céleri rave et de carottes à laquelle est ajoutée vos légumes-racine préférés. Faites quelques essais avec des patates douces, des rutabagas ou des navets. Pour deux personnes.

Prêt en 10 minutes

EN GUISE D'ACCOMPAGNEMENT

Au dîner. Servir avec une tranche de pain au bicarbonate de soude ou une cuillerée de couscous.

Au souper. Augmenter la quantité de légumes-racine et ajouter plus ou moins cinq cubes de fromage de chèvre.

200 g (7 oz) de légumes-racine, râpés grossièrement

2 c. à soupe d'huile d'olive

1 c. à soupe de graines de moutarde noire

30 g (1 oz) de noix de Grenoble, en morceaux

25 g (¾ oz) de raisins secs

100 g (3 ½ oz) de fromage de chèvre à pâte ferme, du cheddar de chèvre par exemple, en cubes

Huile de sésame, pour asperger

1 à 2 c. à soupe de coriandre fraîche, hachée

Placer les légumes râpés dans un grand bol. Faire chauffer l'huile dans une petite casserole et, lorsqu'elle est chaude, ajouter les graines de moutarde noire. Quand ils commencent à éclater, les verser sur les légumes. Ajouter les noix de Grenoble, les raisins secs et le fromage de chèvre et bien mélanger. Asperger d'huile de sésame et garnir de coriandre.

Salade verte et blanche

Étant donné que tous les ingrédients de cette salade sont délicatement parfumés, optez pour une vinaigrette un peu piquante. Pour deux personnes.

Prêt en **10** minutes

100 g (3 ½ oz) de chou-fleur, défait en petits fleurets

100 g (3 ½ oz) de brocoli, défait en petits fleurets

1 petite carotte, râpée

75 g (2 ½ oz) de feta ou de tofu fumé, coupé en dés

2 c. à soupe de graines de citrouille

2 à 3 c. à soupe de vinaigrette *(parmi les choix proposés aux pages 114 et 115)*

Placer tous les ingrédients, sauf la vinaigrette, dans un saladier. Ajouter la vinaigrette et bien mélanger le tout afin que les légumes en soient complètement enrobés, puis servir.

EN GUISE D'ACCOMPAGNEMENT

Au dîner. Servir avec des pommes de terre nouvelles aspergées d'huile d'olive.

Au souper. Ajouter un peu plus de fleurets de brocoli ou de chou-fleur.

Vinaigrettes

Bien des vinaigrettes préparées contiennent des «extras» tels que des mauvais gras et du sucre. Les vinaigrettes proposées ici sont délicieuses et rapides à préparer, et se prêtent bien au régime. Elles peuvent être faites à l'avance et conservées au réfrigérateur pendant cinq jours dans un bocal hermétique. Chaque recette est conçue pour au moins deux personnes.

EN GUISE D'ACCOMPAGNEMENT

Au dîner. À combiner avec n'importe quel choix de feuilles vertes ou de légumes potagers, ou à mélanger avec du riz ou du couscous pour accompagner un plat protéinique.

Au souper. Un simple filet de saumon avec des légumes verts cuits à la vapeur sera transformé par l'une ou l'autre de ces vinaigrettes.

Vinaigrette à la noix de coco et à la lime

Prêt en **5** minutes

2 c. à soupe de lait de noix de coco

2 c. à soupe de jus de lime

1 c. à soupe de yogourt nature fermenté

½ cuillerée à thé de sauce au poisson thaïlandaise (en option)

½ cuillerée à thé de sauce au curry thaïlandaise

Combiner tous les ingrédients dans un bol ou dans un bocal muni d'un couvercle et bien mélanger le tout. Servir.

Vinaigrette au citron et au jus de carotte

Prêt en **5** minutes

4 c. à soupe de jus de carotte

3 c. à soupe d'huile d'olive

1 c. à soupe de yogourt nature fermenté

1 c. à soupe de jus de citron

½ c. à thé de pâte de chili rouge

Poivre noir fraîchement moulu

Combiner tous les ingrédients dans un bol ou dans un bocal muni d'un couvercle et bien mélanger le tout. Servir.

Vinaigrette à la lime et au soja

Vinaigrette au citron et au jus de carotte

Vinaigrette à la lime et au soja

Prêt en **5** minutes

2 c. à soupe de jus de lime

2 c. à soupe d'huile de sésame

2 c. à soupe d'huile d'avocat (ou d'huile d'olive)

2 c. à soupe d'huile d'olive

1 c. à thé de sauce soja

1 gousse d'ail, écrasée

Poivre noir fraîchement moulu

Combiner tous les ingrédients dans un bol ou dans un bocal muni d'un couvercle et bien mélanger le tout. Servir.

Vinaigrette à l'orange

Prêt en **5** minutes

6 c. à soupe d'huile d'olive

2 c. à soupe de jus d'orange

1 c. à soupe de vinaigre de cidre

½ c. à thé de moutarde

1 gousse d'ail, écrasée et hachée finement

Poivre noir fraîchement moulu

Combiner tous les ingrédients dans un bol ou dans un bocal muni d'un couvercle et bien mélanger le tout. Servir.

Vinaigrette aux tomates séchées au soleil

Prêt en **5** minutes

4 tomates séchées au soleil conservées dans l'huile d'olive, égouttées et coupées en quartiers

8 c. à soupe d'huile d'olive

2 c. à soupe de jus de citron

1 c. à soupe d'eau

½ c. à thé d'essence d'anchois (ou de pâte d'anchois)

1 gousse d'ail, écrasée

Poivre noir fraîchement moulu

Passer tous les ingrédients au mélangeur pour obtenir une consistance lisse. Servir.

Vinaigrette aux tomates séchées au soleil

Vinaigrette à l'orange

Salade César

Une salade classique à laquelle un traitement protéinique a été ajouté. Pour une salade d'accompagnement, réduire les quantités et les protéines. Pour deux personnes.

Prêt en 20 minutes

3 c. à soupe d'huile d'olive

1 gousse d'ail, hachée finement

2 tranches épaisses de pain de seigle (en non pas de pumpernickel), coupées en dés

1 grosse tête de laitue romaine, coupée en deux dans le sens de la longueur, rincée et essorée

2 petits oignons verts, parés et tranchés finement

2 c. à soupe de persil plat frais, haché

150 g (5 oz) de poulet fumé, de truite fumée à chaud ou de poulet épicé *(voir pages 130 et 131)*

60 g (2 oz) de fromage de chèvre ferme ou tout autre fromage ferme

Pour la vinaigrette :

2 c. à soupe de mayonnaise

1 c. à soupe de yogourt nature fermenté

1 c. à soupe d'eau

1 c. à soupe de jus de citron

1 c. à soupe d'huile d'olive

1 gousse d'ail, écrasée et hachée finement

1 c. à thé d'essence d'anchois

Poivre noir fraîchement moulu

Préchauffer le four à 180°C/350°F/th. 4 pour un four au gaz.

Dans un bol, bien mélanger l'huile et l'ail. Ajouter les dés de pain de seigle et les imprégner du mélange. Étaler les dés sur une plaque à cuisson et placer au four environ 15 minutes, en les retournant une ou deux fois. Lorsque les dés sont grillés uniformément, les retirer du four et les laisser refroidir sur un papier absorbant.

Pour la vinaigrette, placer tous les ingrédients dans un bocal muni d'un couvercle et agiter pour mélanger.

Déchiqueter grossièrement les moitiés de laitues et les placer en parts égales dans deux grands saladiers individuels. Parsemer chaque bol de la moitié des petits oignons verts et du persil. Placer ensuite des parts égales de croûtons de seigle, de poulet ou de truite dans chaque bol, puis garnir de fromage râpé. Ajouter environ 4 cuillerées à soupe de vinaigrette dans chaque bol et bien touiller avant de servir.

Note : le reste de vinaigrette se conservera au moins cinq jours au réfrigérateur dans un bocal hermétique.

EN GUISE D'ACCOMPAGNEMENT

Au dîner. Ajouter quelques dés de pommes de terre nouvelles à la salade.

Au souper. Augmenter la quantité de laitue, plutôt que d'ajouter des glucides comme pour le dîner.

Rösti à la courge et au feta

DÎNER OU SOUPER

Ce rösti est une formidable option végétarienne. Il est tout aussi délicieux froid, alors faites en un peu plus en prévision de la collation du lendemain. Pour deux personnes.

Prêt en **20** minutes

2 c. à soupe d'huile d'olive

1 oignon (environ 100 g / 3 ½ oz), haché finement

½ c. à thé de graines de carvi

2,5 cm (1 po) de racine de gingembre frais, pelée et râpée

325 g (11 oz) de courge ferme, telle que la courge musquée, pelée, épépinée et râpée grossièrement

100 g (3 ½ oz) de fromage feta, émietté

Dans une petite poêle antiadhésive, faire chauffer l'huile, ajouter l'oignon et les graines de carvi et cuire jusqu'à ce que l'oignon soit tendre et doré. Ajouter le gingembre et la courge râpée et faire sauter doucement 3 à 4 minutes pour bien mélanger les ingrédients et attendrir la courge.

Ajouter le fromage feta et bien mélanger. Comprimer la mixture dans la poêle en l'écartant des parois pour former une galette. Laisser cuire à feu moyen environ 5 minutes pour affermir et dorer la base.

Poursuivre la cuisson sous un grill chaud environ 5 minutes pour dorer le dessus. Couper en deux et servir.

EN GUISE D'ACCOMPAGNEMENT

Au dîner. Servir avec une tranche de pain grillé, de seigle ou intégral.

Au souper. Accompagner d'une niçoise à la tomate et à l'oignon ou d'une ratatouille (recettes aux pages 96 et 97). Ajouter un peu plus de feta pour augmenter l'apport protéinique.

Galettes de poisson à l'asiatique

Ces galettes sont tellement délicieuses que vous risquez de ne pas avoir de restes, sinon, incorporez-les avec un peu de salsa comme garniture pour les galettes à l'avoine. Pour deux personnes.

Prêt en 20 minutes

200 g (7 oz) de filets de poisson blanc, coupés en morceaux

4 petits oignons verts, parés et émincés

1 c. à thé de racine de gingembre fraîchement râpée

1 c. à thé de pâte de curry vert

2 c. à thé de sauce au poisson thaïlandaise

1 œuf

2 c. à soupe de coriandre ou de persil haché

2 c. à soupe de farine (sans gluten, de riz ou de maïs)

Zeste d'une lime

1 c. à soupe de jus de lime

Poivre noir fraîchement moulu

EN GUISE D'ACCOMPAGNEMENT

Au dîner. Accompagner les galettes de poisson d'une salsa verte ou rouge *(voir pages 94 et 95)*, de pommes de terre nouvelles et de légumes vapeur, ou d'une salade verte.

Au souper. Accompagner les galettes d'une salade au fenouil et aux carottes, ou de toute autre salade des pages 120 et 121.

Placer les morceaux de poisson, les petits oignons verts, le gingembre, la pâte de curry, la sauce au poisson, l'œuf et les fines herbes dans un robot culinaire et mélanger jusqu'à obtenir un mélange texturé plus ou moins lisse.

Transférer le mélange dans un bol. Ajouter la farine, le zeste, le jus de lime et le poivre noir, et mélanger doucement pour bien combiner le tout. Diviser le mélange en huit portions et, avec les mains légèrement enfarinées, former chaque portion en une boule.

Les galettes de poisson peuvent être cuites à la vapeur ou à la friture plate. Pour les cuire à la vapeur, les placer dans un bain-marie d'eau bouillante et cuire 10 minutes. Pour les frire, aplatir tout d'abord chaque boule légèrement. Faire chauffer 3 à 4 cuillerées à soupe d'huile d'olive dans une poêle à frire peu profonde, ajouter les galettes de poisson et les cuire doucement 5 à 8 minutes, en les retournant de temps en temps, jusqu'à ce qu'elles soient cuites et bien dorées.

Servir quatre galettes de poisson par personne.

Salade de fèves germées

DÎNER OU SOUPER

Les magasins d'aliments naturels et certains supermarchés proposent une vaste gamme de fèves germées. Elles sont extrêmement nutritives et ont une forte teneur en acides aminés, en vitamines et en minéraux antioxydants. Vous pouvez en faire germer à la maison en l'espace de quelques jours. Pour deux personnes.

Prêt en **10** minutes

250 g (8 oz) de graines et de fèves germées

1 grosse pomme de table croustillante, évidée et tranchée

1 poivron jaune, évidé, épépiné et coupé en lanières

4 c. à soupe de fines herbes fraîches (par exemple, persil, coriandre, ciboulette, aneth, fenouil, origan, menthe et basilic)

100 ml (⅓ t.) de vinaigrette *(voir pages 114 et 115)*

Placer tous les ingrédients dans un grand saladier et touiller doucement pour bien mélanger le tout.

EN GUISE D'ACCOMPAGNEMENT

Au dîner. Compléter avec une petite pomme de terre farcie ou une portion de riz brun.

Au souper. Ajouter quelques lanières de poivron jaune, ou tout autre légume potager que vous avez sous la main.

Salades d'accompagnement

Ces salades fraîches et nutritives sont faciles à préparer. Servez-les avec l'une ou l'autre des vinaigrettes des pages 114 et 115, et complétez avec les protéines de votre choix. Elles livrent un puissant cocktail d'antioxydants, d'acide folique et de potassium qui assure la bonne santé du système immunitaire. Chaque recette est conçue pour deux personnes.

Salade d'avocat et de cresson

Prêt en `5` **minutes**

60 g (2 oz) de cresson, grossièrement déchiqueté

Une petite poignée de roquette, grossièrement déchiquetée

12 tomates cerise, coupées en deux

1 avocat, pelé, dénoyauté et coupé en morceaux

4 champignons de Paris, tranchés

2 à 3 c. à soupe de vinaigrette *(voir pages 114 et 115)*

Placer le cresson et la roquette au centre d'un saladier, puis empiler les tomates, l'avocat et les champignons au milieu.

Asperger de vinaigrette, en s'assurant de bien couvrir l'avocat pour qu'il conserve sa jolie couleur verte. Si vous préférez, aspergez simplement d'huile d'olive ou de noix de Grenoble au lieu de la vinaigrette.

Salade de chou rouge et blanc

Prêt en `10` **minutes**

2 c. à thé combles de graines de carvi

125 g (4 oz) de chou blanc, râpé

75 g (2 ½ oz) de chou rouge, râpé

2 à 3 c. à soupe de la vinaigrette de votre choix *(voir pages 114 et 115)*

Placer les graines de carvi dans une casserole à fond épais et les rôtir à sec à feu moyen environ 5 minutes, en remuant à l'occasion.

Combiner les choux râpés dans un bol et asperger de vinaigrette. Mélanger doucement, et observez les traces rosées produites par le chou rouge dans la salade. Garnir de graines de carvi rôties et servir.

Salade de fenouil et de carotte

Prêt en `10` **minutes**

1 bulbe de fenouil (environ 125 g / 4 oz), paré et les frondes réservées

2 carottes (environ 125 g / 4 oz), grossièrement râpées

Jus d'un citron

2 c. à thé d'huile d'olive

2 c. à thé de graines de pavot

Couper le bulbe de fenouil en deux dans le sens de la longueur et trancher finement chaque moitié. Placer les tranches dans un saladier et ajouter les carottes râpées et le jus de citron.

Dans une petite casserole à fond épais, faire chauffer l'huile d'olive à feu moyen et ajouter les graines de pavot. Dès que les graines commencent à éclater, les verser ainsi que l'huile sur la salade et bien mélanger. Servir en garnissant de quelques-unes des frondes réservées.

Salade de vitamine C

Prêt en **5** minutes

2 tomates moyennes, tranchées

½ concombre, coupé en deux sur le sens de la longueur, puis tranché

1 kiwi, pelé, coupé en deux sur le sens de la longueur, puis tranché

2 c. à soupe d'huile d'olive

2 c. à soupe de jus de citron

Poivre noir fraîchement moulu

Basilic frais, pour la garniture

Placer tous les ingrédients, sauf le basilic, dans un saladier. Mélanger les ingrédients avec une fourchette et une cuiller, doucement mais efficacement. Garnir de feuilles de basilic déchiquetées.

Salade de vitamine C

EN GUISE D'ACCOMPAGNEMENT

Au dîner. Servir l'une ou l'autre de ces salades avec du poisson ou du poulet grillé et une petite pomme de terre farcie.

Au souper. Remplacer les pommes de terre par l'une ou l'autre des recettes de poulet épicé des pages 130 et 131.

Poisson à la noix et coco et à la coriandre avec du couscous | DÎNER OU SOUPER

L'hoplostète orange possède un goût léger et délicat, cependant des filets de morue ou de baudroie feront l'affaire si vous les avez sous la main. Pour deux personnes.

Prêt en 15 minutes

EN GUISE D'ACCOMPAGNEMENT

Au dîner. Servir avec des tomates cerise et du concombre, hachés et ajoutés au couscous.

Au souper. Remplacer le couscous par une des salades d'accompagnement des pages 120-121.

2 filets (environ 300 g / 10 oz en tout) d'hoplostète orange

Jus d'une lime

Poivre noir fraîchement moulu

1 c. à soupe d'huile d'olive

1 c. à thé comble de graines de moutarde

2 petits piments forts séchés

1 gousse d'ail, émincée

1 petit oignon, émincé

2 tomates, tranchées

60 g (2 oz) de noix de coco ferme et en crème, ou 75 g (4 oz) de lait de noix de coco

1 c. à thé de graines de coriandre, broyées

2 c. à soupe d'eau

1 c. à soupe de coriandre fraîche, cisaillée

Pour le couscous :

125 g (4 oz) de couscous

175 ml (6 oz) d'eau bouillante légèrement salée

2 c. à thé d'huile d'olive

1 c. à soupe de persil frais, haché

1 c. à soupe de coriandre fraîche, hachée

Préchauffer le four à 140°C/275°F/th. 1 pour un four au gaz. Couper chaque filet en 3 parts. Asperger de la moitié du jus de lime et d'un peu de poivre noir, et réserver.

Placer le couscous et l'eau bouillante dans un bol résistant à la chaleur. Remuer avec une fourchette jusqu'à ce que l'eau soit absorbée. Ajouter l'huile d'olive en remuant. Couvrir d'un papier d'aluminium et garder au chaud dans le four.

Dans un wok ou une poêle à frire, faire chauffer l'huile d'olive à feu moyen, ajouter les graines de moutarde et les piments forts et cuire 2 minutes. Ajouter l'ail et l'oignon et poursuivre la cuisson jusqu'à ce que l'oignon commence à dorer.

Incorporer les tomates, la noix de coco, les graines de coriandre broyées, le reste du jus de lime et l'eau. Faire sauter 1 ou 2 minutes. Ajouter le poisson et son jus et napper de sauce. Laisser cuire doucement de 5 à 6 minutes, jusqu'à ce que le poisson soit opaque.

Retirer le couscous du four, y incorporer les fines herbes et servir avec le poisson garni de coriandre.

Poulet aux fines herbes estivales et salade de fèves composée | DÎNER OU SOUPER

Cette salade composée est un copieux plat d'accompagnement, parfait pour le dîner ou le souper. Pour un parfum différent, substituer le thym au romarin. Pour deux personnes.

Prêt en 20 minutes

1 c. à soupe d'huile d'olive

250 à 300 g (8 à 10 oz) de poitrine de poulet, coupée en lanières épaisses

1 gousse d'ail, hachée

8 petits oignons verts, parés

2 bonnes cuillerées à soupe de fines herbes mélangées (par exemple, persil, thym, sauge, ciboulette, marjolaine, basilic et estragon)

2 c. à soupe de jus de citron

Poivre noir fraîchement moulu

Pour la salade composée :

1 boîte (environ 250 g / 8 oz) de fèves mélangées, égouttées et rincées

4 brins de thym frais (ou 1 c. à thé de thym séché)

100 ml (⅓ t.) de bouillon de légumes chaud *(voir page 149)*

1 c. à soupe de persil frais, haché

1 c. à soupe d'huile d'olive

Jus d'un demi citron

Faire chauffer l'huile dans une poêle munie d'un couvercle, ajouter les lanières de poulet et les brunir uniformément, en les tournant fréquemment pour éviter qu'elles ne collent à la poêle. Réduire la chaleur, incorporer les petits oignons verts, les fines herbes, le jus de citron et le poivre noir, puis couvrir. Laisser mijoter environ 10 minutes, en mélangeant à l'occasion, jusqu'à ce que le poulet soit cuit tout en demeurant humide.

Pendant que le poulet cuit, préparer la salade de fèves. Tout d'abord, placer les fèves dans une casserole avec le bouillon et le thym. Laisser mijoter à découvert environ 5 minutes jusqu'à ce que le bouillon soit absorbé. Retirer les brins de thym et garnir de persil, d'huile d'olive et de jus de citron avant de servir.

EN GUISE D'ACCOMPAGNEMENT

Au dîner. Ajouter un peu de riz ou de pommes de terre nouvelles en dés à la salade.

Au souper. Servir tel quel avec une petite salade ou quelques feuilles de laitue en accompagnement. Pour un repas plus léger, remplacer la salade de fèves composée par une ratatouille *(voir page 96)*.

Simple saumon

Les filets de saumon ont une chair ferme finement texturée et n'ont pas d'arrêtes. Ils se marient bien à toute une gamme d'ingrédients savoureux que nous vous présentons aux quatre recettes suivantes, et ils peuvent être servis chauds ou froids. Laissez mariner les filets de saumon dans leurs papillotes de 15 à 20 minutes pour que les parfums des ingrédients soient bien absorbés. Si vous en avez le temps, faites quelques expériences avec d'autres espèces de poissons, tels que la morue, le thon ou la baudroie. Chaque recette est conçue pour deux personnes.

EN GUISE D'ACCOMPAGNEMENT

Au dîner. Toutes ces recettes s'accompagnement bien de légumes vapeur et de pommes de terre nouvelles.

Au souper. Une salade verte poivrée à la roquette et au cresson est un accompagnement simple et convivial.

Filet de saumon à la lime et à l'aneth

Saumon à la lime et à l'aneth

Prêt en **20** minutes

2 filets de saumon (environ 150 g / 5 oz chacun), avec la peau

2 c. à soupe de jus de lime

2 c. à soupe de racine de gingembre fraîchement râpée

½ c. à soupe d'essence d'anchois (ou 1 filet d'anchois dans l'huile, égoutté et écrasé)

6 grands brins d'aneth frais

Poivre noir fraîchement moulu

Écailler les filets de saumon et placer chaque filet, la peau vers le bas, sur un rectangle de papier d'aluminium suffisamment grand pour qu'il soit replié en papillote.

Placer le jus de lime, le gingembre et l'essence, ou le filet, d'anchois dans un bol, bien mélanger et verser la moitié du mélange sur chacun des filets de saumon. Garnir chacun de 2 brins d'aneth et de quelques tours de moulin à poivre. Replier le papier d'aluminium en papillote sans trop serrer et mettre de côté afin que le poisson absorbe les arômes pendant que vous préparez le reste du repas.

Au moment voulu, préchauffer le four à 150°C/300°F/th. 2 pour un four au gaz. Cuire le poisson de 10 à 15 minutes, jusqu'à ce qu'il soit cuit tout en demeurant humide. Servir en l'aspergeant du jus des papillotes et garnir de ce qui reste d'aneth.

Saumon à la noix de coco et à la coriandre

Prêt en **20** minutes

2 filets de saumon (environ 150 g / 5 oz chacun), avec la peau

Environ 15 g (½ oz) de noix de coco en crème, finement râpée, ou 1 ½ c. à soupe de lait de noix de coco

2 c. à soupe de jus de citron

Poivre noir fraîchement moulu

6 grands brins de coriandre fraîche

Écailler les filets de saumon et placer chaque filet, la peau vers le bas, sur un rectangle de papier d'aluminium suffisamment grand pour qu'il soit replié en papillote.

Parsemer la moitié de la noix de coco et du jus de citron sur chaque filet et assaisonner de poivre noir. Garnir les filets de 2 brins de coriandre. Replier le papier d'aluminium en papillote sans trop serrer et mettre de côté afin que le poisson absorbe les arômes pendant que vous préparez le reste du repas.

Au moment voulu, préchauffer le four à 150°C/300°F/th. 2 pour un four au gaz. Cuire le poisson de 10 à 15 minutes, jusqu'à ce qu'il soit cuit tout en demeurant humide. Servir en l'aspergeant du jus des papillotes et garnir de ce qui reste de coriandre.

Saumon au fenouil et au pamplemousse

Prêt en **20** minutes

2 filets de saumon (environ 150 g / 5 oz chacun), avec la peau

2 c. à soupe de jus de pamplemousse

½ c. à thé d'essence d'anchois (ou 1 filet d'anchois dans l'huile, égoutté et écrasé)

6 brins de fenouil frais

Poivre noir fraîchement moulu

Écailler les filets de saumon et placer chaque filet, la peau vers le bas, sur un rectangle de papier d'aluminium suffi-samment grand pour qu'il soit replié en papillote.

Placer le jus de pamplemousse et l'es-sence, ou le filet, d'anchois dans un bol, mélanger avec une fourchette et verser la moitié du mélange sur chaque filet. Garnir de 2 brins de fenouil et de quel-ques tours du moulin à poivre. Replier le papier d'aluminium en papillote sans trop serrer et mettre de côté afin que le poisson absorbe les arômes pendant que vous préparez le reste du repas.

Au moment voulu, préchauffer le four à 150°C/300°F/th. 2 pour un four au gaz. Cuire le poisson de 10 à 15 minutes, jusqu'à ce qu'il soit cuit tout en demeu-rant humide. Servir en l'aspergeant du jus des papillotes et garnir de ce qui reste de brins de fenouil.

Saumon au soja et aux petits oignons verts

Prêt en **20** minutes

2 filets de saumon (environ 150 g / 5 oz chacun), avec la peau

2 c. à soupe de jus d'orange

1 c. à soupe de sauce soja

2 petits oignons verts, parés et émincés

6 brins de thym frais

Écailler les filets de saumon et placer chaque filet, la peau vers le bas, sur un rectangle de papier d'aluminium suf-fisamment grand pour qu'il soit replié en papillote.

Placer le jus d'orange et la sauce soja dans un petit bol et fouetter. Répartir uniformément les petits oignons verts sur les deux filets. Verser le mélange de jus et garnir chaque filet de 2 brins de thym. Replier le papier d'aluminium en papillote sans trop serrer et mettre de côté afin que le poisson absorbe les arômes pendant que vous préparez le reste du repas.

Au moment voulu, préchauffer le four à 150°C/300°F/th. 2 pour un four au gaz. Cuire le poisson de 10 à 15 minutes, jusqu'à ce qu'il soit cuit tout en demeu-rant humide. Servir en l'aspergeant du jus des papillotes et garnir de ce qui reste de thym.

Marinades minute

Les marinades servent à ajouter du goût aux viandes et aux poissons et à en rendre la chair plus tendre avant de les saisir sur le barbecue, à la poêle ou sous le grill. Marinez les aliments aussi longtemps que possible pour qu'ils absorbent un maximum des parfums des ingrédients de la marinade. Pour la plupart des coupes de viande, de poisson et même le tofu, il suffit de 15 ou 20 minutes pendant que vous préparez le reste du repas.

Marinade au chili, à la lime et à l'ail

Prêt en **5** minutes

1 c. à soupe d'huile d'olive

2 gousses d'ail, écrasées

½ c. à thé de pâte de chili

¼ de c. à thé de poivre de Cayenne

1 c. à thé de paprika

Zeste et jus d'une lime

Combiner tous les ingrédients dans un bol, ajouter les morceaux de poulet ou de poisson, au choix, et mélanger pour bien les enrober.

La marinade se conservera au réfrigérateur 3 à 4 jours dans un bocal hermétique.

Marinade au raifort et à la lime

Prêt en **5** minutes

1 c. à soupe de sauce au raifort (*voir page 149*)

1 c. à soupe de jus de lime

1 c. à soupe de yogourt nature fermenté

1 c. à soupe d'huile d'olive

Poivre noir fraîchement moulu

Placer tous les ingrédients dans un bol et bien mélanger. Verser sur du poisson ou de la viande.

La marinade se conservera au réfrigérateur 2 à 3 jours dans un bocal hermétique.

Marinade à l'huile de sésame et à la moutarde à l'ancienne

Prêt en **5** minutes

1 c. à soupe de moutarde à l'ancienne

2 c. à soupe d'huile de sésame

1 c. à soupe de jus de citron

1 c. à soupe de jus d'orange

Poivre noir fraîchement moulu

Placer tous les ingrédients dans un bol et bien mélanger. Enrober le poisson ou la viande du mélange.

La marinade se conservera au réfrigérateur 3 à 4 jours dans un bocal hermétique.

Marinade à l'huile de sésame et à la moutarde à l'ancienne

Marinade au chili, à la lime et à l'ail

Marinade au raifort et à la lime

Marinade au tamarin et aux cinq-épices

Prêt en **5** minutes

2 petits oignons verts, parés et coupés en 2 ou 3 morceaux

2 c. à soupe de sauce soja

1 c. à thé comble de pâte de tamarin *(voir page 149)*

1 petite c. à thé de miel

1 gousse d'ail, écrasée

1 c. à soupe de pâte de cinq-épices *(voir page 148)*

1 c. à soupe de vinaigre de cidre

100 ml (⅓ t.) d'eau

Placer tous les ingrédients dans une casserole à fond épais, porter à ébullition et laisser bouillir 2 minutes.

La marinade peut servir immédiatement, ou être refroidie et conservée au réfrigérateur dans un bocal hermétique pendant 2 ou 3 jours.

Marinade au yogourt et au gingembre

Prêt en **5** minutes

3 c. à soupe de yogourt nature fermenté

1 c. à thé rase de racine de gingembre fraîchement râpée

½ c. à thé de curcuma

1 gousse d'ail, hachée

Poivre noir fraîchement moulu

Placer tous les ingrédients dans un bol et bien mélanger. Non seulement le curcuma a-t-il un délicieux parfum subtil, il ajoute une note de couleur exquise à la viande ou au poisson qui en est mariné.

La marinade se conservera 2 à 3 jours au réfrigérateur dans un bocal hermétique.

EN GUISE D'ACCOMPAGNEMENT

Au dîner. Choisissez votre marinade préférée, ajoutez-la aux protéines de votre choix et servir avec des pommes de terre nouvelles et une salade verte.

Au souper. La chaleur de la marinade au chili, à la lime et à l'ail convient délicieusement au poisson, au poulet et au tofu, accompagnés de la fraîcheur et du piquant de la salade de vitamine C *(voir page 121)*.

Marinade au yogourt et au gingembre

Marinade au tamarin et aux cinq-épices

Thon grillé à la cannelle

Le thon est un choix formidable chargé de protéines. C'est un poisson polyvalent, maigre et succulent qui sera élégamment mis en valeur par cette recette. Pour deux personnes.

Prêt en 20 minutes

1 c. à thé comble de cannelle moulue

1 c. à thé de gingembre moulu

1 c. à thé de poudre de chili

2 steaks de thon (environ 150 g / 5 oz chacun)

2 c. à soupe d'huile d'olive

Dans un petit bol, bien mélanger la cannelle, le gingembre et la poudre de chili. Enduire chaque steak d'huile d'olive et les frotter du mélange d'épices sur les deux faces. Mettre de côté 10 à 15 minutes pour que le thon absorbe l'arôme des épices.

Faire chauffer une plaque à frire. Une fois chaude, y placer les steaks et les saisir 3 à 4 minutes de chaque côté. Ou encore, les placer sous un grill chaud et saisir les steaks de thon, de 3 à 4 minutes de chaque côté. Éviter de trop les cuire : ils doivent être tout juste à point et juteux au moment de les servir.

EN GUISE D'ACCOMPAGNEMENT

Au dîner. Un riz épicé *(voir page 133)* accompagnera à merveille le thon.

Au souper. Servir avec une généreuse portion de purée de pois, de gingembre et de tapenade *(voir page 66)*, une petite salade verte ou des légumes vapeur.

Œufs brouillés aux épinards

Parfaits pour le dîner ou le souper, c'est également un plat délicieux pour le petit déjeuner du week-end, une variante des œufs à la florentine. Pour deux personnes.

Prêt en 20 minutes

2 c. à soupe d'huile d'olive, et un peu plus pour asperger

2 tranches de pain de grains entiers ou de seigle, en chapelure

½ c. à thé de muscade

500 g (1 lb) d'épinards, lavés et essorés

Jus d'un citron

Jus d'une orange

½ c. à thé de cannelle

Poivre noir fraîchement moulu

3 gros œufs

60 g (2 oz) de fromage feta, émietté

Dans une petite poêle à frire, faire chauffer 1 cuillerée à soupe d'huile d'olive, ajouter la chapelure et la muscade et sauter jusqu'à ce que le mélange soit croustillant. Verser le tout sur une serviette de papier absorbant et réserver.

Faire cuire légèrement les épinards, soit quelques minutes à la vapeur jusqu'à ce que les feuilles tombent, ou en plaçant les feuilles encore humides dans une grande casserole et en les cuisant doucement tout en les retournant fréquemment, jusqu'à ce qu'elles soient flétries. Égoutter les épinards, et les couper grossièrement à l'aide de ciseaux.

Dans une poêle à fond épais, faire chauffer ce qui reste d'huile d'olive. Ajouter le jus, la cannelle et le poivre noir, et mélanger le tout. Casser les œufs et bien mélanger à feu doux, jusqu'à ce qu'ils commencent à former des grumeaux. Incorporer rapidement la feta et les épinards hachés.

Transférer le mélange d'œufs dans un plat peu profond à l'épreuve de la chaleur et compléter avec la chapelure rôtie et quelques gouttes d'huile d'olive. Dorer 2 à 3 minutes sous un grill à feu moyen, puis servir.

EN GUISE D'ACCOMPAGNEMENT

Au dîner. S'accompagne bien d'une tranche grillée de pain au bicarbonate de soude.

Au souper. Augmenter légèrement la quantité d'épinards, ou ajouter du chou vert pour varier.

Poulet épicé

Les poitrines de poulet sans la peau sont une excellente source de protéines maigres. Voici quelques idées qui rehausseront un plat ordinaire et qui se prêtent bien à la cuisson au barbecue. Pour moudre les épices, servez-vous soit d'un broyeur traditionnel, des accessoires à broyer d'un robot culinaire ou d'un pilon et d'un mortier. Chaque recette est conçue pour deux personnes.

Poulet Cajun
épicé

Poulet Cajun épicé

Prêt en 15 minutes

2 poitrines de poulet (environ 300 g / 10 oz), désossées et sans la peau

Huile d'olive

Jus de citron

Pour le mélange d'épices Cajun :

½ c. à thé de graines de carvi

½ c. à thé de graines de cumin

1 c. à thé de paprika

1 c. à thé de poivre de Cayenne

½ c. à thé de poivre noir fraîchement moulu

1 c. à thé d'origan séché

Tout d'abord, préparer le mélange d'épices. Broyer les graines de carvi et de cumin, et les incorporer aux autres fines herbes et épices.

Frotter les poitrines de poulet avec un peu d'huile d'olive et de jus de citron, puis les enrober du mélange d'épices.

Placer les poitrines de poulet sur une plaque à griller et cuire sous le grill, ou sur la cuisinière, à feu moyen, environ 6 minutes de chaque côté, jusqu'à ce quelles soient bien cuites tout en demeurant juteuses.

Couper les poitrines de poulet en quatre, dans le sens de la longueur, et servir.

Poulet épicé du Moyen-Orient

Prêt en 15 minutes

2 poitrines de poulet (environ 300 g / 10 oz), désossées et sans la peau

Huile d'olive

Jus de citron

Huile de sésame pour asperger

Pour le mélange d'épices du Moyen-Orient :

3 c. à thé de graines de coriandre

6 c. à thé de graines de sésame

3 c. à thé de graines de cumin

Poivre noir fraîchement moulu

Rôtir à sec les graines de coriandre en les plaçant dans une poêle à fond épais sur un feu moyen de 5 à 6 minutes, en les remuant à l'occasion pour bien les dorer sans qu'elles ne brûlent.

Placer dans un broyeur, ajouter les autres épices et réduire le tout en poudre.

Frotter les poitrines de poulet avec un peu d'huile d'olive et de jus de citron, puis les enrober du mélange d'épices.

Placer les poitrines de poulet sur une plaque à griller et cuire sous le grill ou sur la cuisinière, à feu moyen, environ 6 minutes de chaque côté, jusqu'à ce quelles soient bien cuites tout en demeurant juteuses.

Couper les poitrines de poulet en quatre, dans le sens de la longueur. Asperger d'un peu d'huile de sésame et servir.

Poulet épicé au garam masala

Prêt en 15 minutes

2 poitrines de poulet (environ 300 g / 10 oz), désossées et sans la peau

Huile d'olive

Jus de citron

Pour le mélange d'épices garam masala :

1 c. à soupe de cosses de cardamome

5 cm (2 po) de cannelle en bâton

1 c. à thé de graines de cumin

1 c. à thé de clous de girofle

¼ de noix de muscade

Broyer toutes les épices ensemble. Frotter les poitrines de poulet avec un peu d'huile d'olive et de jus de citron, puis les enrober du mélange d'épices.

Placer les poitrines de poulet sur une plaque à griller et cuire sous le grill ou sur la cuisinière, à feu moyen, environ 6 minutes de chaque côté, jusqu'à ce quelles soient bien cuites tout en demeurant juteuses.

Couper les poitrines de poulet en quatre, dans le sens de la longueur, et servir.

Poulet épicé à l'indienne

Prêt en 15 minutes

2 poitrines de poulet (environ 300 g / 10 oz), désossées et sans la peau

Huile d'olive

Jus de lime

Pour le mélange d'épices indiennes :

1 c. à soupe de graines de coriandre, rôties à sec (*voir mélange d'épices du Moyen-Orient, à gauche*)

½ c. à thé de poudre de chili

½ c. à thé de curcuma

Broyer les graines de coriandre rôties et les combiner au chili et au curcuma.

Frotter les poitrines de poulet avec un peu d'huile d'olive et de jus de lime, puis les enrober du mélange d'épices.

Placer les poitrines de poulet sur une plaque à griller et cuire sous le grill ou sur la cuisinière, à feu moyen, environ 6 minutes de chaque côté, jusqu'à ce quelles soient bien cuites tout en demeurant juteuses.

Couper les poitrines de poulet en quatre, dans le sens de la longueur. Asperger d'un peu d'huile d'olive et servir.

EN GUISE D'ACCOMPAGNEMENT

Au dîner. Tous ces plats s'accompagnent bien d'une salsa rouge ou verte (*voir page 94*), ou de yogourt nature fermenté et d'un peu de riz.

Au souper. Servir avec une salade verte, des légumes vapeur ou l'un ou l'autre des plats d'accompagnement des pages 96 et 97.

Plats d'accompagnement à combustion lente

Les quatre recettes suivantes sont dites à «combustion lente» à cause de leur faible IG, ce qui signifie que l'énergie est libérée de manière constante et que vous serez rassasiés pendant un bon moment sans que la sécrétion d'insuline ne soit précipitée. Les restants sont délicieux à manger froids, et ceux qui ne sont pas à base de riz peuvent être réduits en purée ou incorporés aux tartinades pour les collations. Chaque recette est conçue pour deux personnes.

Pois jaunes cassés et petits oignons verts

| Prêt en **30** minutes |

100 g (3 ½ oz) de pois jaunes cassés (ou d'ambériques ou de lentilles rouges)

300 ml (1 ¼ t.) d'eau

¼ de c. à thé de curcuma

1 c. à soupe d'huile d'olive

1 c. à soupe de jus de citron

1 petit oignon vert, paré et haché finement

Poivre noir fraîchement moulu

Placer les pois, l'eau et le curcuma dans une casserole. Porter à ébullition, couvrir, réduire la chaleur et laisser mijoter doucement 25 minutes jusqu'à ce que les pois soient tendres et que l'eau ait été absorbée. Ajouter l'huile d'olive, le jus de citron et le poivre noir, et bien mélanger pour combiner les parfums avant de servir.

EN GUISE D'ACCOMPAGNEMENT

Au dîner. Accompagner d'un roulé d'haricots sautés à la mexicaine *(voir page 104)*, de purée de pois *(voir page 66)* ou de guacamole avec quelques feuilles de roquette.

Au souper. Ces plats d'accompagnement raviveront un simple poulet poché ou une omelette, et vont bien avec les röstis à la courge et au feta *(voir page 117)*.

Fèves de Lima à l'italienne

| Prêt en **20** minutes |

1 boîte (environ 225 g / 7 ½ oz) de fèves de Lima, égouttées et rincées

150 ml (½ t.) de bouillon de légumes *(voir page 149)*

1 c. à soupe d'huile d'olive

1 gousse d'ail, finement hachée

1 c. à soupe comble de purée de tomates

Poivre noir fraîchement moulu

1 c. à soupe de persil frais haché pour la garniture

Placer les fèves de Lima dans une casserole à fond épais et ajouter le bouillon chaud. Porter à ébullition et laisser mijoter pour bien réchauffer les fèves.

Dans une autre casserole, faire chauffer l'huile, ajouter l'ail et sauter une ou deux minutes avant d'ajouter la purée de tomates, le poivre noir et 3 cuillerées à soupe de l'eau de cuisson des fèves. Bien remuer à feu très doux.

Égoutter les fèves de Lima et les ajouter au mélange de tomates. Bien remuer pour combiner les ingrédients et servir avec une garniture de persil.

Haricots sautés

| Prêt en **30** minutes |

1 c. à soupe d'huile d'olive

½ oignon (environ 60 g / 2 oz)

1 gousse d'ail, écrasée

½ c. à thé de graines de cumin

1 boîte (environ 250 g / 8 oz) d'haricots mélangés, égouttés et rincés

1 boîte (225 g / 7 ½ oz) de tomates en dés

¼ de c. à thé de poudre de chili

Poivre noir fraîchement moulu

Faire chauffer l'huile dans une poêle à fond épais, ajouter l'oignon, l'ail et les graines de cumin. Laisser mijoter jusqu'à ce que les oignons soient tendres et légèrement dorés. Ajouter les haricots, les tomates, la poudre de chili et le poivre noir. Laisser cuire doucement 10 à 15 minutes, en remuant et en écrasant légèrement les haricots avec une fourchette. Retirer de la chaleur lorsque le mélange est épais et commence à se détacher des parois de la poêle.

Environ 10 minutes avant de servir les haricots, faire chauffer quelques gouttes d'huile d'olive dans une petite poêle antiadhésive. Ajouter le mélange d'haricots et l'aplatir en «galette». Cuire 5 minutes à feu moyen pour dorer la base. Asperger le dessus d'un peu plus d'huile d'olive et placer la poêle 2 à 3 minutes sous un grill chaud pour dorer le dessus. Faire glisser la «galette» d'haricots sur une assiette, couper en deux et servir.

Riz épicé

| Prêt en **30** minutes |

100 g (3 ½ oz) de riz basmati brun

1 c. à soupe d'huile d'olive

2 cosses entières de cardamome

1 cm (½ po) de cannelle en bâton

2 clous de girofle

½ oignon (environ 45 g / 1 ½ oz),
haché finement

250 ml (1 t.) de bouillon de légumes
(voir page 149)

Rincer le riz à la passoire, puis le placer
dans un bol d'eau fraîche jusqu'au
moment de vous en servir.

Dans une casserole à fond épais, faire
chauffer l'huile et ajouter les épices
entières. Remuer une ou deux fois, puis
ajouter l'oignon. Sauter jusqu'à ce que
l'oignon commence à dorer.

Bien égoutter le riz et l'ajouter à la casserole. Mélanger pour enrober le riz
d'huile avant d'ajouter le bouillon
chaud. Porter à ébullition, couvrir,
réduire la chaleur et laisser mijoter
25 minutes, ou jusqu'à ce que le riz soit
cuit. Si tout le bouillon n'a pas été
absorbé, poursuivre la cuisson à feu plus
élevé et laisser évaporer ce qui reste de
liquide avant de servir.

Pois jaunes cassés et
petits oignons verts

Fèves de Lima
à l'italienne

Haricots sautés

Riz épicé

Idées de menus

Les prêts-à-manger

Soyez bien préparés. Avec seulement quelques boîtes de conserve et des aliments secs, vous possédez les éléments de base pour réaliser des repas santé et copieux qui vous éviteront de faire de mauvais choix alimentaires lorsque vous êtes à court de temps.

Kedgeree rapide

Vous aurez besoin de :

■ **poisson** une demi-boîte de thon, de maquereau ou de saumon, et quelques filets d'anchois hachés

et

■ **œuf** un œuf cuit dur

et

■ **légumes** une poignée de petits épis de maïs sucré et une pincée de cumin

et

■ **riz brun ou quinoa** une portion de riz brun pour le déjeuner, ou du quinoa pour le dîner (si vous utilisez du quinoa, augmentez la proportion de légumes).

Salade de thon et de fèves mélangées

Combinez les ingrédients suivants :

■ **poisson** une demi-boîte de thon, de maquereau ou de saumon

et

■ **fèves** une demi-boîte de fèves mélangées, de borlottis, d'haricots ou de fèves de Lima

et

■ **légumes** une poignée de petits pois surgelés, de maïs sucré ou de gourganes

et (si servi au déjeuner)

■ **quinoa** une portion de quinoa, de couscous ou de blé bulgur

Soupe aux légumes

Faites de cette soupe un repas équilibré avec les ingrédients suivants :

■ **soupe** une boîte de soupe aux légumes, par exemple, aux carottes, aux tomates ou à la citrouille

et

■ **légumineuses** une demi-boîte de pois chiches, de lentilles, de cannellini ou de doliques

et (si servi du déjeuner)

■ **pain** une bonne tranche de pain intégral ou de seigle

Soupe aux légumes

Omelette

Salade de thon et de fèves mélangées

Chili aux légumes

Un délicieux chili, composé des ingrédients suivants:

- **sauce tomate minute** une demi-portion de sauce tomate *(voir page 143)* ou de ratatouille *(page 96)*

et

- **fèves** une demi-boîte d'haricots rouges, de doliques ou de borlottis

et

- **arômes et épices** un oignon haché et un peu de poudre de chili

et (si servi au déjeuner)

- **riz brun** une portion de riz brun

Ragoût rapide

Un ragoût consistant composé des ingrédients suivants:

- **ratatouille** une demi-portion (ou une demi-boîte) de ratatouille *(voir page 96)*

et

- **arômes et épices** un oignon haché et quelques fines herbes séchées

et

- **fromage de chèvre ou crevettes** une portion moyenne de fromage de chèvre à pâte molle ou ferme, émietté, ou encore une poignée de crevettes surgelées

et (si servi au déjeuner)

- **pâtes** une portion de pâtes de farine de maïs, de sarrasin ou de blé entier

Omelette

Une omelette rapide composée des ingrédients suivants:

- **œufs** deux œufs

et

- **légumes** une cuillérée à thé de pesto avec une boîte de tomates en dés ou un demi bocal de poivrons doux rôtis, hachés

ou

- **fèves** une demi-boîte de fèves mélangées, des flageolets, des cannellini, des borlottis ou des doliques

Pâtes et pesto

L'équilibre des glucides et des protéines de ce plat en fait un repas qu'il vaut mieux prendre au dîner. Si vous préférez, remplacez les pâtes par 125 g (4 oz) de quinoa cuit dans un bouillon. Pour deux personnes.

Prêt en 20 minutes

125 g (4 oz) de pâtes au sarrasin, ou toute autre type de pâtes

2 œufs

Une pincée de fines herbes mélangées

3 c. à soupe de pesto *(voir page 69)*

10 tomates séchées au soleil conservées dans l'huile, égouttées et coupées en rubans

Poivre noir fraîchement moulu

Cuire les pâtes en suivant le mode d'emploi du fabricant. Une fois cuites, les égoutter à la passoire et les remettre dans la casserole pour les garder chaudes.

Pendant que les pâtes cuisent, faire une omelette plate avec les œufs, aromatisée d'herbes fraîches *(voir page 139, Riz au cumin à l'omelette en rubans)*. Une fois l'omelette cuite puis refroidie, rouler et couper en rubans d'environ 0,5 cm (¼ po) de largeur.

Combiner le pesto et les pâtes, ajouter les tomates et le poivre noir, et servir avec les rubans d'omelette en garniture.

Ragoût de pois chiches à la ratatouille

Ce ragoût est un repas complet en lui-même, et il est délicieux chaud ou froid. Les restes peuvent être passés au mélangeur ou réduits en purée pour faire une trempette santé et onctueuse. Pour deux personnes.

Prêt en 10 minutes

1 c. à soupe d'huile d'olive

1 petit oignon, tranché

1 boîte (environ 400 g / 13 oz) de ratatouille, ou une quantité égale de ratatouille maison *(voir page 96)*

1 boîte (environ 400 g / 13 oz) de pois chiches, égouttés et rincés

Jus d'un citron

1 c. à thé de paprika (ou de paprika fumé, si vous en avez)

Dans une poêle à fond épais, faire chauffer l'huile, ajouter l'oignon et cuire doucement jusqu'à ce qu'il commence à devenir tendre et doré. Ajouter la ratatouille, bien mélanger, et laisser mijoter quelques minutes. Ajouter les pois chiches, le jus de citron et le paprika. Poursuivre la cuisson en laissant mijoter encore quelques minutes, et servir.

EN GUISE D'ACCOMPAGNEMENT

Au dîner. Servir avec une tranche de pain intégral ou du riz brun.

Au souper. Ajouter un peu d'épinards surgelés ou des gourganes pour augmenter l'apport de glucides complexes.

Salade de thon et de fèves mélangées

Cette salade se prépare rapidement à partir des aliments de votre garde-manger, en y ajoutant quelques herbes fraîches et un concombre si vous en avez sous la main. Pour deux personnes.

Prêt en 10 minutes

2 c. à soupe d'huile d'olive

1 c. à soupe de jus de citron

1 c. à soupe d'eau

1 c. à thé de purée de tomates

1 c. à thé de sauce soja

1 c. à thé de sauce au poisson thaïlandaise (en option)

1 boîte (400 g / 13 oz) de fèves mélangées, égouttées et rincées

1 boîte (200 g / 7 oz) de thon dans l'eau de source, égoutté et émietté

½ petit oignon rouge, tranché finement

½ petit concombre, coupé en dés (en option)

Fines herbes fraîches, telles que du persil, de la coriandre ou de la marjolaine, pour la garniture (en option)

Placer l'huile d'olive, le jus de citron, l'eau, la purée de tomates, la sauce soya et la sauce au poisson dans un saladier et mélanger le tout avec une fourchette. Ajouter les fèves tout en mélangeant, puis le thon en prenant soin de ne pas l'émietter plus qu'il ne l'est. Garnir des tranches d'oignon.

Le concombre ajoute une note de fraîcheur à cette salade. Si vous en avez sous la main, ajoutez-le en petits dés avant de mettre le thon. Garnir de fines herbes fraîches hachées, au choix.

> ### EN GUISE D'ACCOMPAGNEMENT
>
> **Au dîner.** Ajouter une cuillérée de riz brun ou de blé bulgur.
>
> **Au souper.** Si vous avez des légumes : tomates, céleri ou poivrons doux par exemple, ajoutez-en un peu en même temps que le thon.

Riz au cumin à l'omelette en rubans

Ce dîner est simple à préparer et très polyvalent. Si vous n'avez pas d'œufs, remplacez-les par des lanières de poulet, du poisson en conserve ou du maquereau fumé, par exemple. Pour deux personnes.

EN GUISE D'ACCOMPAGNEMENT

Au dîner. Si vous avez des feuilles de laitue, servez-les en accompagnement, arrosées de vinaigre balsamique.

Prêt en **30** minutes

1 c. à thé d'huile d'olive

1 petit oignon (environ 100 g / 3 ½ oz), haché

1 c. à thé de graines de cumin

150 g (5 oz) de riz brun

350 ml (1 ½ t.) de bouillon de légumes *(voir page 149)*

2 œufs

Bouquet de fines herbes ou épices (ce que vous avez sous la main)

Poivre noir fraîchement moulu

8 tomates séchées au soleil conservées dans l'huile, coupées en julienne

Persil frais haché (en option)

Faire chauffer l'huile dans une casserole, ajouter l'oignon et cuire doucement jusqu'à ce qu'il soit tendre et translucide. Ajouter le riz et remuer pour l'enrober d'huile, puis verser le bouillon chaud. Couvrir, porter à ébullition, réduire la chaleur et laisser mijoter 30 minutes, jusqu'à ce que le bouillon soit absorbé et que le riz soit cuit.

Battre les œufs dans un bol, ajouter une bonne pincée de fines herbes ou des épices que vous avez sous la main et un peu de poivre noir. Enduire une poêle à omelette ou une petite poêle à frire d'un peu d'huile, faire chauffer et verser les œufs battus. Cuire rapidement et sans remuer pour obtenir une omelette plate. La retirer de la poêle et laisser refroidir. Rouler ensuite l'omelette et la couper en rubans de 0,5 cm (¼ po) de largeur.

Combiner les tomates et les rubans d'omelette avec le riz et servir avec une garniture de persil, si vous en avez.

Omelette aux fèves

DÎNER OU SOUPER

Cette omelette copieuse est composée d'ingrédients courants et se prépare rapidement. Si vous n'avez pas de fèves en conserve, servez-vous de fromage de chèvre émietté ou de poisson en conserve. Pour deux personnes.

Prêt en **10** minutes

4 œufs

2 c. à thé combles de moutarde de Dijon

1 c. à thé de fines herbes séchées

Poivre noir fraîchement moulu

1 boîte (200 g / 7 oz) de tomates en dés

Huile d'olive en pulvérisateur

½ boîte de 400 g (7 oz) de flageolets ou de fèves cannellini, égouttés et rincés

EN GUISE D'ACCOMPAGNEMENT

Au dîner. Réduisez le temps de préparation au minimum en servant l'omelette avec une bonne tranche de pain intégral ou de seigle et quelques feuilles de laitue.

Au souper. Servir avec une portion de petits pois ou de mange-touts cuits à la vapeur, ou tout autre légume vert que vous avez sous la main.

Casser les œufs dans un bol et les fouetter avec la moutarde, les fines herbes et le poivre noir. Ajouter les tomates en dés.

Faire chauffer une poêle à omelette antiadhésive ou une petite poêle à frire légèrement enduite d'huile d'olive. Verser le mélange d'œufs en le répandant uniformément dans la poêle.

Ajouter les fèves sur toute la surface et cuire l'omelette jusqu'à ce que le fond soit ferme et commence à dorer. Placer la poêle 3 ou 4 minutes sous un grill chaud pour raffermir et dorer le dessus, puis servir.

Lentilles à l'oignon et à la tomate

Réduisez le temps de préparation en utilisant des lentilles du Puy en conserve, si vous en avez, ou des lentilles vertes comme pour la soupe citronnée aux épinards *(voir page 88)*. Toutes les variétés de lentilles sont une excellente source de protéines. Pour deux personnes.

Prêt en 30 minutes

150 g (5 oz) de lentilles du Puy

Environ 300 ml (1 ¼ t.) de bouillon de légumes *(voir page 149)*

1 c. à soupe d'huile d'olive

1 oignon, tranché finement

1 gousse d'ail, hachée

1 boîte (225 g / 7 ½ oz) de tomates en dés

1 c. à thé comble de purée de tomates

1 c. à thé de fines herbes séchées

Jus d'un demi citron

Placer les lentilles dans une casserole à fond épais et bien couvrir de bouillon de légumes. Porter à ébullition, couvrir, réduire la chaleur et laisser mijoter environ 25 minutes, ou jusqu'à ce que les lentilles soient cuites. Vérifier le niveau du liquide à quelques reprises et ajouter plus de bouillon au besoin. Une fois cuites, égoutter les lentilles.

Pendant que les lentilles cuisent, faire chauffer l'huile dans une poêle à fond épais, ajouter l'oignon et l'ail et cuire jusqu'à ce qu'ils soient tendres et dorés. Ajouter les tomates et leur jus, la purée de tomates et les fines herbes séchées. Bien mélanger et laisser mijoter. Incorporer les lentilles et le jus de citron au mélange d'oignon et de tomate, puis servir.

> ## EN GUISE D'ACCOMPAGNEMENT
>
> **Au dîner.** Servir avec une cuillerée de riz brun ou quelques pommes de terre bouillies arrosées d'huile d'olive.
>
> **Au souper.** En cours de cuisson, ajouter un peu d'épinards ou des haricots verts surgelés.

Avec une simple boîte de tomates en conserve...

Voici quatre recettes formidables, dont le point commun est d'avoir des tomates en conserve comme principal ingrédient. Elles sont la solution idéale pour les jours où le garde-manger est presque vide. La sauce tomate minute est excellente avec du poulet ou du poisson grillé et se conservera plusieurs jours au réfrigérateur dans un contenant hermétique. Chaque recette est conçue pour deux personnes.

Oeufs cuits sur un lit de tomates et de poivrons

Prêt en **25** minutes

3 c. à soupe d'huile d'olive

1 oignon (environ 200 g / 7 oz), haché grossièrement

1 gousse d'ail, écrasée et hachée

1 poivron rouge, évidé, épépiné et haché

1 poivron jaune, évidé, épépiné et haché

1 boîte (400 g / 13 oz) de tomates en dés

2 à 3 c. à soupe de persil frais, haché

Poivre noir fraîchement moulu

2 œufs

Préchauffer le four à 180°C/350°F/th. 4 pour un four au gaz

Faire chauffer l'huile dans une casserole à fond épais. Ajouter l'oignon et l'ail, et cuire environ 3 minutes jusqu'à ce qu'ils soient translucides. Ajouter les poivrons et poursuivre la cuisson environ 5 minutes, jusqu'à ce qu'ils commencent à tomber. Ajouter ensuite les tomates, le persil et le poivre noir et laisser mijoter encore 5 minutes, en remuant souvent.

Lorsque le mélange est cuit, le verser dans un plat résistant à la chaleur, casser les œufs au-dessus et cuire au four environ 10 minutes, ou jusqu'à ce que le blanc des œufs soit ferme. Servir immédiatement.

Soupe minute à la tomate

Prêt en **10** minutes

1 recette de sauce tomate minute *(voir ci-contre)*

300 ml (1 ¼ t.) de bouillon de légumes *(voir page 149)*

1 c. à soupe de yogourt nature fermenté

Basilic frais pour la garniture

Passer la sauce tomate minute et le bouillon de légumes au mélangeur pour en faire une soupe.

Verser dans une casserole et amener juste sous le point d'ébullition. Servir en parts égales dans deux bols et garnir d'un tourbillon de yogourt et de quelques feuilles de basilic.

Œufs cuits sur un lit de tomates et de poivrons

Boisson à la tomate et à la lime

Prêt en **5** minutes

1 boîte (400 g / 13 oz) de tomates

Jus d'une lime

Soupçon de sauce Worcestershire

Passer tous les ingrédients au mélangeur et agiter pour obtenir une boisson percutante et rafraîchissante.

Note : une mesure de vodka en fera un cocktail semblable au Bloody Mary.

Sauce tomate minute

Prêt en **20** minutes

2 c. à soupe d'huile d'olive

1 oignon (environ 150 g / 5 oz), finement haché

1 gousse d'ail, finement hachée

1 boîte (200 g / 7 oz) de tomates en dés

1 c. à soupe de jus de citron

1 c. à soupe de purée de tomates

Poivre noir fraîchement moulu

2 c. à soupe de fines herbes fraîches, hachées, telles que du persil, de la coriandre ou du basilic

Faire chauffer l'huile dans une casserole à fond épais et ajouter l'oignon et l'ail. Cuire à feu doux environ 5 minutes, jusqu'à ce qu'ils soient translucides sans être dorés. Ajouter les tomates, le jus de citron, la purée de tomates et le poivre noir, porter à ébullition et laisser mijoter 10 à 15 minutes, jusqu'à ce que la sauce commence à épaissir. Ajouter les fines herbes tout en mélangeant.

Boisson à la tomate et à la lime

EN GUISE D'ACCOMPAGNEMENT

Au dîner. Cette soupe, froide ou chaude, est excellente au dîner, accompagnée de pain intégral. Ajoutez quelques légumineuses, des cubes de tofu, du maquereau fumé ou des lanières de poulet pour plus de protéines.

Au souper. Le plat d'œufs au four est un repas complet en lui-même. Sinon, ajoutez quelques cuillerées de sauce tomate minute pour raviver une poitrine de poulet ou un filet de poisson accompagné de légumes vapeur.

Manger à l'extérieur

Si vous avez un mantra pour les occasions où vous prenez vos repas à l'extérieur de la maison, que ce soit au restaurant, chez des amis, dans le cadre de votre travail ou pendant les vacances, cela devrait être « où sont les protéines ? ». En y étant attentif, et en gardant bien à l'esprit les 10 principes, vous voguerez allègrement peu importe la conjoncture.

Il existe plusieurs stratégies possibles pour assurer que, peu importe l'occasion, vous n'aurez pas à saboter votre régime alimentaire pour bien vous amuser. Des tactiques simples, telles que boire quelques verres d'eau et prendre un goûter avant de sortir par exemple, combleront votre creux à l'estomac et vous éviteront les chutes glycémiques.

Une volonté de fer

Dans bien des cas, il suffit de modifier légèrement votre état d'esprit. Ainsi, si vous avez été habitué à manger tout ce qu'il y a dans votre assiette, adoptez une attitude un peu différente. Si les portions sont gigantesques, faites-vous une idée de ce que vous pouvez manger et laissez le reste.

Dans le même ordre d'idées, ne craignez pas de faire des requêtes particulières au restaurant : si vous préférez plus de légumes verts au lieu de la purée de pommes de terre qui accompagne votre plat, il suffit d'en faire la demande. Les sauces et les vinaigrettes peuvent être servies à part, de sorte que vous serez en mesure de contrôler la

quantité consommée. De plus en plus, les restaurateurs sont sensibles aux requêtes liées aux allergies et aux intolérances alimentaires.

Faites preuve de discrétion au sujet de votre régime. Ne dites à personnes que vous faites attention à ce que vous mangez, vous éviterez ainsi les commentaires de ceux qui croient en savoir plus, de ceux qui conspirent contre votre bonne volonté, ainsi que les discussions interminables sur les régimes de la mère, du voisin ou de la sœur des autres convives et comment ils ont réussi, ou pas, à contrôler leur poids.

Avec de la bonne volonté...

Les desserts sont une source de problèmes, il vous faudra donc faire preuve de détermination, ou encore d'appliquer la règle des 80 : 20 *(voir pages 12 et 13)*. Et ne succombez pas à la tentation de sauter un repas plus tôt dans la journée pour « réserver » ces calories pour votre sortie. Les choses ne se passent pas ainsi et vous risquez de déséquilibrer votre taux de sucre sanguin *(voir pages 16 et 17)*.

L'ALCOOL ET LE RÉGIME

L'alcool est un glucide simple qui est facilement absorbé dans le sang, élevant ainsi rapidement la glycémie et faisant passer votre taux d'insuline au-dessus du niveau acceptable. Je vous conseille de consommer de l'alcool uniquement aux repas, et pas avant, puisque l'apport de nourriture a pour effet de ralentir quelque peu la conversion en glucose. Je sais par expérience que de consommer un ou deux apéritifs avant le repas fait partie des coutumes, cependant votre jugement quant aux bons choix alimentaires par après risque d'être affecté car vous aurez l'impression d'être plus détendu. Cela ne signifie pas de se priver d'apéritif, mais simplement de garder l'œil ouvert.

Recevoir des amis à souper

Lorsque vous recevez des amis, vous contrôlez les évènements, ce qui est une situation idéale. J'estime qu'il est tout à fait possible de préparer un repas à partir des recettes du Régime quotidien du Docteur Nutrition sans que vos invités n'aient l'impression de suivre un « régime » avec vous.

Par exemple, servez une soupe en entrée, ou des crudités avec des trempettes (ou encore servez celles-ci avant l'entrée, cela vous évitera de proposer des croustilles). Le plat principal peut être préparé en vous inspirant des recettes de ce livre, par exemple le thon grillé à la cannelle *(page 128)* ou le poulet aux fines herbes estivales *(page 123)*. Accompagnez-le de légumes, de salades ou de purées, et vos invités ne remarqueront même pas l'absence de glucides amidonnés. Vous pouvez bien sûr en servir si le cœur vous en dit, mais prenez garde de ne pas en consommer vous-même à moins qu'il s'agisse d'un dîner. Les desserts sont plus problématiques, car vous ne voulez pas manger des aliments sucrés. Pourquoi ne pas servir une mousse au chocolat noir agrémentée d'un peu de sucre, ou une salade de fruits frais avec du yogourt plutôt que de la crème, ou encore des fromages, en vous abstenant de manger les craquelins.

Pour vous simplifier la vie, servez-vous de plats de service individuels, de sorte que vos invités prennent les portions qu'ils désirent et vous serez libre d'adhérer à votre régime sans en faire tout un plat.

Être reçu à souper chez des amis

C'est là une situation plus complexe, car vous ne contrôlez pas le déroulement des opérations. Étant donné que l'heure du repas ne dépend pas de vous, je vous conseille de prendre un petit en-cas avant de quitter la maison, ne serait-ce qu'une galette de riz avec une tartinade protéinique ou quelques légumes avec une trempette à l'hommos ou au poisson.

Vous ne pouvez pas non plus dicter le menu, cependant vous pouvez contrôler ce que vous mangez. D'une manière générale, le menu sera probablement composé en partie de protéines et de quelques légumes, de concert avec les glucides complexes nécessaires. Vous possédez les outils pour évaluer et composer un repas adéquat à partir des choix qui vous sont proposés : le respect des groupes de la pyramide alimentaire, la taille des portions en fonction de votre main, et le mantra « où sont les protéines ». Laissez de côté ce qui vous ne plaît pas ; votre hôte n'en prendra pas ombrage. Si l'on vous demande pourquoi vous n'avez pas terminé votre assiette, il suffit d'indiquer que vous êtes repu et que vous avez assez mangé.

Si par malheur on vous sert un plat principal à base de glucides simples (un risotto, par exemple), ou que vous estimez que vous pouvez manger plus qu'à l'habitude ou que vous souhaitez manger d'une manière qui n'est pas compatible avec le programme, en toute honnêteté, il n'y a pas à se sentir coupable. Il s'agit d'une « situation à 20 pour cent » *(voir pages 12 et 13)*. Vous avez fait les bons choix alimentaires à 80 pour cent, vous pouvez donc assouplir les règles du jeu pour les 20 pour cent restants. Pour autant que vous ne le faites pas tous les jours, vous ne gagnerez pas tout d'un coup le poids que vous avez perdu.

Au restaurant

Ce qui est formidable au restaurant, c'est de pouvoir commander ce que vous voulez au menu, en autant que les consignes des 10 principes soient observées. Peu importe ce qui est proposé, ces principes peuvent s'appliquer presque n'importe où *(voir l'encadré ci-contre)*.

Si vous mangez au restaurant parce que votre travail l'exige, ou pour vous faire plaisir ou accompagner un être cher, vous n'aurez pas de mal à suivre le régime du Docteur Nutrition. Je suis appelé à manger au restaurant très souvent, et j'arrive à respecter mes propres principes, sans faire preuve de plus de volonté ou de fermeté, mais simplement en mangeant ce qui me plaît.

Lorsque vous consultez le menu, gardez bien à l'esprit le mantra « où sont les protéines ». S'il n'y en a pas, il y a fort à parier que ce plat ne vous convienne pas. Ne craignez pas de spécifier ce que vous voulez manger et rappelez-vous c'est vous que le client. Et, il va sans dire, ne touchez pas à la corbeille de pain.

Les cocktails

Les cocktails sont une entrave à une saine alimentation, et pas seulement à cause des consommations alcoolisées, de l'estomac vide et de la forte probabilité de mauvais choix alimentaires par la suite. Une soirée moyennement arrosée, probablement avec quelques amuse-gueule, suivie d'un repas pris tard en soirée, peut être catastrophique pour votre taux de sucre sanguin, sans parler d'une surproduction d'insuline qui est pratiquement inévitable.

Réduisez le risque à un minimum en buvant beaucoup d'eau avant de sortir et en prenant une petite collation *(voir pages 62 et 63)* pour bien stabiliser votre taux de glycémie. Autant que possible, évitez les amuse-gueule tels que les croustilles et les noix salées, et tenez-vous en aux olives et aux noix nature et sans sel. Préférez le vin blanc ou rouge aux alcools et à la bière qui ont un IG plus élevé.

En vacances

Certains d'entre nous ont tendance à perdre du poids avant les vacances pour être plus à l'aise et paraître mieux en maillot de bain ou en bikini. Malheureusement, lorsque l'esprit des vacances nous saisit, il y a tendance à mettre de côté nos bonnes intentions et de manger, manger et manger encore (il y a fort à parier qu'il se trouve quelqu'un pour vous dire «Allez-y, vous êtes en vacances, vous le méritez bien. Puis après tout, vous avez bien suivi votre régime»).

Gardez bien à l'esprit que vous méritez ces vacances, et non pas la prise de poids, et en observant les 10 principes, vous ne pouvez pas vous tromper. N'hésitez pas à vous amuser et à essayer de nouveaux aliments, cependant évitez de vous retrouver à la case départ de votre régime au retour des vacances si vous avez trop mangé.

RESTAURANTS DIFFÉRENTS, CUISINES DIFFÉRENTES, MÊMES TACTIQUES

Dans pratiquement tous les types de restaurant, vous trouverez des plats conformes aux 10 principes. N'oubliez pas de respecter la taille des portions.

RESTAURANTS FRANÇAIS

Pratiquement tous les restaurants français proposent de la soupe à l'oignon et des grillades de poisson ou de viande accompagnées de pommes de terre et de légumes, et c'est certainement là que mon choix se porterait. N'hésitez pas à spécifier combien de pommes de terre vous voulez, plutôt que de laisser le restaurateur choisir à votre place.

RESTAURANTS ITALIENS

Au lieu d'opter pour des pâtes ou une pizza, sachez que pratiquement tous les restaurants italiens proposent des salades. Commencez par une salade à la tomate et à la mozzarelle, suivie de pâtes aux fruits de mer. Ou encore, une escalope de veau grillée avec des légumes. Ne tenez pas compte du contenu protéinique de chaque plat, mais plutôt de l'ensemble des protéines de tout le repas. Par exemple, si vous man-

gez du pain au début du repas, il faut en tenir compte dans le calcul de l'apport de glucides. Si vous choisissez les pâtes, demandez plus de fruits de mer et moins de pâtes. Les restaurateurs sont là pour vous servir, n'hésitez pas à demander ce que vous voulez.

RESTAURANTS INDIENS

La cuisine indienne étant riche en glucides, il faut donc y prendre garde au moment de faire son choix. Un repas typique commence avec des papadums faits de farine de lentilles. Ils contiennent des protéines, cependant en quantité insuffisante pour combler votre quota protéinique. Quand vous n'étiez pas au régime, vous auriez probablement commandé un plat de poulet en sauce, du pain nan et du riz. En suivant le régime du Docteur Nutrition et les 10 principes, vous pouvez quand même commencer par les papadums, mais optez plutôt pour un poulet ou un poisson tandoori accompagné de légumes et d'un plat de lentilles ou de pois chiches.

RESTAURANTS ASIATIQUES

La cuisine asiatique est souvent fortement composée de riz et de nouilles, cependant cela ne veut pas dire qu'il faut l'éviter à tout prix. Par exemple, commencez par un poulet satay, suivi d'un plat au canard ou d'un curry au tofu avec un peu de riz. Demandez plus de poulet, et partagez votre portion de riz avec quelqu'un d'autre. De cette manière, vous aurez un apport protéinique de 40 pour cent tout en ayant un repas satisfaisant.

RESTAURANTS MEXICAINS

La cuisine mexicaine étant très orientée sur les glucides, assurez-vous de prendre un petit en-cas avant d'aller au restaurant. Choisissez quelques croustilles de blé, suivies de tacos ou d'enchiladas au poulet ou au bœuf accompagnés d'une petite salade pour assurer un bon équilibre entre les protéines et les glucides.

Recettes et ingrédients pratiques

Pâte de cinq-épices

La pâte de cinq-épices est plus pratique à manipuler que la poudre puisqu'elle peut être facilement incorporée aux préparations. Si vous n'avez ni poudre ni pâte sous la main, vous pouvez y substituer une petite pincée de cannelle et de clou de girofle, bien que le goût soit légèrement différent.

2 c. à soupe de poudre de cinq-épices

1 c. à soupe de sauce soja

2 gousses d'ail, écrasées

Mélanger tous les ingrédients pour former une pâte. Elle se conservera une semaine dans un bocal hermétique placé au réfrigérateur.

Poudre de cinq-épices

Cet assaisonnement originaire de Chine tire son nom des cinq arômes qui le composent (salé, aigre, amer, piquant et sucré). Il peut parfois être allongé à sept ingrédients par l'ajout de cardamome, de gingembre séché ou de réglisse. À utiliser parcimonieusement, car la poudre et la pâte *(voir ci-dessus)* sont à la fois plutôt épicées.

6 anis étoilés

1 c. à soupe de poivre de Szechuan

1 c. à soupe de graines de fenouil, moulues

2 c. à thé de clous de girofle

2 c. à thé de casse ou de cannelle moulue

Passer tous les ingrédients au mélangeur jusqu'à ce qu'ils soient bien moulus. Tamiser, puis remiser dans un bocal hermétique.

Tapenade verte

La tapenade est une tartinade originaire du Midi de la France. Voici une recette à base d'olives vertes, bien que des olives noires feront l'affaire si c'est ce que vous avez sous la main.

150 g (5 oz) d'olives vertes, dénoyautées et hachées finement

6 à 7 filets d'anchois, rincés et séchés

Une petite cuillerée à soupe de câpres

Huile d'olive

Jus de citron

Placer les olives, les anchois et les câpres dans un bol et les réduire en purée. Ajouter un soupçon d'huile d'olive et quelques gouttes de jus de citron, au goût. Conserver au réfrigérateur dans un bocal hermétique.

Herbes de Provence

La composition du mélange présente de nombreuses variantes, bien que les fines herbes suivantes en font généralement partie : la sauge, le persil, le romarin, l'hysope, le thym, la marjolaine, les graines de fenouil, la sarriette et les feuilles de laurier, en plus du basilic et de la lavande. Variez les proportions et le choix de fines herbes en fonction de votre goût.

3 c. à soupe de thym séché

2 c. à soupe de marjolaine séchée

1 c. à thé de romarin séché

1 c. à soupe de sarriette séchée

1 c. à thé de fleurs de lavande séchées

Émietter ou moudre les fines herbes. Elles se conserveront de 2 à 3 mois dans un bocal hermétique.

Sauce au raifort

Un bon substitut à la sauce au raifort préparée, couramment utilisée et rapide à préparer, cette sauce est composée d'un mélange de raifort frais finement râpé et de crème sûre, ou de crème et d'un peu de jus de citron ou de vinaigre. Elle accompagne bien le poisson et la volaille, ainsi que les légumes tels que les courges ou les betteraves. Pour quatre portions de sauce.

125 g (4 oz) de yogourt nature fermenté

2 c. à soupe de raifort, fraîchement râpé

2 c. à soupe d'aneth frais, haché

Poivre noir fraîchement moulu

Mélanger tous les ingrédients dans un bol, couvrir et placer au réfrigérateur jusqu'au moment de s'en servir.

Pour servir la sauce chaude, la réchauffer au bain-marie en s'assurant qu'elle ne bouille pas, ce qui risquerait de la faire cailler.

Sauce soja

La sauce soja est extraite des fèves de soja bouillies qui ont été fermentées avec de l'orge ou du blé, puis salées et bouillies à nouveau. Pour cuisiner, choisissez de préférence une sauce légère, en la combinant avec d'autres liquides tels que du vin ou du bouillon, et optez pour la version foncée comme condiment pour asperger légèrement (c'est très salé) les plats cuisinés.

Bouillon de poisson

Pour faire un bon bouillon de poisson, demandez à votre poissonnier de vous donner les carcasses – la tête sans les branchies, les nageoires et les os – de poissons blancs tels que la baudroie, la morue, le merlan, et de turbot et de sole avec les os car ils sont riches en gélatine. Évitez les poissons gras tels que le maquereau et le hareng. Pour environ 2 litres (8 tasses).

1 à 1,5 kg (2 à 3 lb) de carcasses de poisson blanc

1 oignon, épluché et tranché

1 carotte, tranchée

1 petit poireau (la partie blanche seulement), tranché

1 branche de céleri, haché

1 brin d'aneth

1 brin de persil

1 feuille de laurier

10 à 12 grains de poivre noir

450 ml (1 ¾ t.) de vin blanc sec

2 litres (8 t.) d'eau

Placer tous les ingrédients dans une grande casserole et porter lentement à ébullition, en écrémant la surface jusqu'à ce que liquide soit clair. Dès que le bouillon atteint le point d'ébullition, réduire la chaleur, couvrir partiellement et laisser mijoter 30 minutes. Ne pas laisser bouillir à nouveau et ne pas mijoter plus de 30 minutes, sinon le bouillon deviendrait gluant.

Passer le bouillon immédiatement dans une passoire ou un tamis recouvert d'une mousseline. Le bouillon peut servir immédiatement ou être laissé à refroidir avant de le placer au réfrigérateur où il se conservera pendant une journée. Sinon, vous pouvez congeler le bouillon dans un bac à glaçons en petites portions pratiques à utiliser.

Bouillon de légumes

La plupart des légumes-racine, les oignons, les poireaux et le céleri sont de bonnes bases pour un bouillon de légumes. Évitez les légumes vert foncé tels que le chou, le brocoli, les épinards ou les choux de Bruxelles car ils confèrent au bouillon un goût et une couleur trop forts. La tête d'ail entière peut sembler imposante, cependant elle ajoute une saveur délicieusement subtile. Pour environ 1,5 litres (6 tasses). Il peut être congelé en plusieurs portions plus petites une fois refroidi.

2 pommes de terre ou 1 panais, haché grossièrement

2 carottes, hachées grossièrement

1 gros oignon, coupé en quartiers

1 branche de céleri, hachée grossièrement

1 tête d'ail, avec la pelure (en option)

1 feuille de laurier

Un grand brin de thym frais ou ½ c. à thé de thym séché

Un grand brin de persil

6 à 8 grains de poivre noir

2 litres (8 t.) d'eau

Placer tous les ingrédients dans une grande casserole. Porter lentement à ébullition, puis réduire la chaleur, couvrir partiellement et laisser mijoter environ 2 heures.

Pendant que le bouillon mijote, placer une mousseline dans une passoire ou un tamis installé au-dessus d'un grand bol. Lorsque le bouillon est en fin de cuisson, le verser dans la passoire ou le tamis recouvert de mousseline installé au-dessus du bol. Mettre le contenu de la passoire au rebut. Couvrir le bol et bien laisser refroidir avant de le placer au réfrigérateur. Le bouillon se conserve 3 à 4 jours au réfrigérateur ou peut être congelé.

Pâte de tamarin

Les cosses de tamarin ressemblent à de longues dattes, et leur pulpe, dont le goût particulier est à la fois amer et fruité, sert d'agent d'acidification dans les cuisines indiennes et de l'Asie du Sud-Est. Le tamarin est généralement conditionné sous forme de pâte. Si vous ne pouvez vous en procurer, vous pouvez y substituer du jus de citron ou du vinaigre de vin.

Sauce au poisson thaïlandaise

Souvent connue sous l'appellation de «sauce au poisson», vous la trouverez à la section des produits orientaux de votre supermarché. La sauce au poisson thaïlandaise est un liquide très salé, fluide et brun qui sert en cuisine malaisienne et thaïlandaise où elle est connue sous le nom de «nam pla».

Elle est obtenue par la fermentation de poissons ou de crevettes avec du sel et du soja. Le liquide ainsi distillé par fermentation est la sauce au poisson. Si vous n'arrivez pas à vous en procurer, l'essence d'anchois est un substitut tout à fait acceptable.

Tofu

Cet ingrédient de la cuisine chinoise et japonaise est composé à partir de purée de fèves de soja. Le caillé de fèves est mou et blanc, avec une texture fromagée qui va de ferme à fine. Il est riche en protéines et très faible en matières grasses.

Le tofu à texture ferme est généralement utilisé en salades, sous forme de bouchées de la taille d'un dé. Le tofu à texture fine se prête bien à la cuisson. Il sert le plus souvent en combinaison avec d'autres ingrédients pour en faire des sauces.

Le tofu est également disponible mariné ou fumé, à utiliser dans les salades et les sautés.

Les choix alimentaires intelligents

Les tableaux suivants vous proposent un survol élémentaire qui vous aidera à faire les meilleurs choix alimentaires possibles. Ils sont établis en fonction de nombreux critères, comprenant les propriétés antioxydantes, les taux d'acides gras essentiels, la teneur en fibres et l'indice glycémique (IG).

En pratique, l'indice glycémique (IG) d'un aliment mesure la vitesse et l'augmentation de la glycémie après son ingestion. Plus la décomposition est rapide, plus élevé sera l'IG. Les glucides sont classés en deux catégories : simples et complexes. Les glucides simples ont été débarrassés de leurs fibres, alors que les fibres des glucides complexes demeurent intactes. Les fibres servent à ralentir le processus de transformation en glucose, ce qui explique pourquoi l'IG des aliments riches en fibres est moins élevé. Les aliments à forte teneur en sucres et faibles en fibres sont rapidement transformés en glucose et ont par conséquent un IG relativement élevé.

Profils protéiniques

	VIANDE ET VOLAILLE	
Choix idéal Les protéines contenues dans ces aliments sont toutes des protéines complexes.	Dinde, sans la peau Foie d'agneau Foie de veau Poulet, sans la peau Veau	
Bon choix Vous pouvez les intégrer fréquemment à votre régime alimentaire.		

Choix convenable
Mangez ces aliments occasionnellement.
	Abats
	Agneau
	Bacon
	Bœuf
	Canard,
	  sans la peau
		Gibier
		Hachis
		  de viande
		Jambon
		Porc

Profils glycémiques

	CÉRÉALES ET DÉRIVÉS	FRUITS	
Choix idéal Ces aliments aux glucides complexes fournissent une grande quantité d'énergie pour longtemps car ils se transforment lentement en glucose, de ce fait ils ont un faible IG.	Farine ou flocons de sarrasin Flocons d'orge Flocons de son Gruau ou flocons d'avoine Millet Pain de seigle (intégral) ou flocons de seigle	Abricots (frais) Canneberges Cassis Citrons Fraises Groseilles Limes Mûres Pamplemousses	Poires Pommes Prunes

Bon choix
Ces aliments ont un IG moyen et fournissent une bonne quantité d'énergie à un niveau constant.
	Barre de céréales avec des noix
	Couscous
	Pain intégral
	Pain pumpernickel
	Pâtes (à la farine de blé, de sarrasin
	  ou de blé entier)
	Riz brun
		Ananas
		Bleuets
		Cerises
		Framboises de
		Logan
		Mandarines
		Mangues
			Oranges
			Papayes
			Pêches
			Raisins, rouges
			  ou blancs
			Satsumas
			Tangerines

Choix convenable Ces aliments ont un IG relativement élevé et fournissent de l'énergie à court terme, donc ils ne doivent pas être consommés fréquemment.	Bagels Céréales du petit déjeuner (sans sucre) Gressins Pain au bicarbonate de soude Pain au levain Pain baguette	Bananes Figues Fruits secs Prunes	

PRODUITS LAITIERS	VÉGÉTAUX	POISSONS			

Œufs de caille
Œufs de canard
Œufs de poule
	Graines (citrouille,
	  sésame et tournesol)
	Légumineuses (cannel-
	  lini, fèves de Lima, pois
	  chiches, lentilles)
	Noix (en écailles)
	Quinoa
	Quorn
	Tofu
		Anchois
		Anguille*
		Bar
		Baudroie
		Brème
		Carpe*
		Éperlan*
		Espadon*
		Flétan*
			Grondin
			Haddock
			Hareng*
			Hoki
			Hoplostète
			Limande-sole
			Mahi Mahi*
			Maquereau*
			Marlin*
				Merlan
				Merluche
				Morue*
				Mullet*
				Perche*
				Plie
				Raie
				Rouget*
				Sardines*
					Saumon*
					Sole de Douvres
					Sparidé
					Sprat*
					Thon*
					Truite*
					Turbot

Fromage cottage, allégé
Fromage de chèvre
  (à pâte ferme ou molle)
Yogourt nature fermenté,
  allégé
	Fèves au lard
	  (sans sucre)
		Calmars
		Crevettes
		Homard
		Langoustes
		Moules
		Pétoncles			

Beurre, non salé Fromage à pâte ferme Fromage frais Fromage ricotta Lait, entier ou partiellement écrémé Yogourt entier					

*Source importante d'oméga-3

LÉGUMES CUITS		LÉGUMES CRUS		BOISSONS

Artichauts
Asperges
Brocoli
Chou vert
Chou, rouge ou vert
Chou-fleur
Choux de Bruxelles
Épinards
	Fèves (gourganes,
	  vertes, haricots)
	Légumes verts
	Oignons
	Pak-choï
	Poireaux
	Poivrons (rouge,
	  orange ou jaune)
		Céleri
		Champignons
		Chicorée
		Cresson
		Épinards
		Fèves et graines
		  germées (luzerne,
		  ambérique)
			Germes de haricot
			Mâche
			Poivrons (rouge,
			  orange ou jaune)
			Roquette
			Tomates
				Jus de légumes

Carottes Citrouille Courges à la moelle Courgettes jaunes Courgettes Haricots ordinaires Navets		Avocats Betteraves Carottes Céleri-rave Olives Poivron vert Radis		Jus de fruits
Aubergines Courges Panais Petits pois Pommes de terre (au four, bouillies, en purée) Ignames Patates douces				Bière Cocktails Spiritueux Vin

Glossaire

Acide chlorhydrique
Composant du suc gastrique, joue un rôle important dans la digestion. Il crée un environnement adéquat qui favorise la digestion des protéines et tue les éléments pathogènes.

Acides aminés
Constituants de base des protéines. Neuf d'entre eux sont essentiels. Ceux-ci ne pouvant être produits par l'organisme, ils doivent provenir de la nourriture.

Adrénaline
Hormone sécrétée par les glandes surrénales en réponse à la chute de la glycémie, à un effort musculaire ou à une situation de stress. Sous l'action de l'adrénaline, le glycogène stocké dans le foie est libéré sous forme de glucose, élevant ainsi la glycémie. En outre, cette hormone provoque l'augmentation de l'hypertension artérielle et l'accélération du rythme cardiaque.

Bactéries
Micro-organismes présents dans la terre, l'air, l'eau et la nourriture. Certaines d'entre elles sont pathogènes, d'autres bénéfiques. Nos intestins en renferment une multitude qui jouent un rôle dans la décomposition des aliments lors de la digestion.

Cardiovasculaire
Relatif au cœur et aux vaisseaux.

Chyme
Bouillie que forme la masse alimentaire au moment où elle passe dans l'intestin après avoir subi l'action de la salive et du suc gastrique.

Diabète
Le diabète sucré est une maladie caractérisée par une glycémie dangereusement élevée, l'organisme ne parvenant pas à absorber normalement le glucose. À long terme, l'hyperglycémie peut engendrer des problèmes aux yeux, aux reins, aux nerfs, au cœur et aux artères les plus importantes. Il existe deux principaux types de diabètes : de type 1 ou insulinodépendant, de type 2 ou non insulinodépendant. Dans le diabète de type 2, le corps produit trop d'insuline ou bien les cellules sont résistantes à l'action de cette hormone. Ce type de diabète se manifeste généralement au-delà de 40 ans. De nos jours cependant, il touche de plus en plus une population jeune, dont le régime est riche en sucres raffinés, n'épargnant pas les adolescents.

Effet diurétique
Qui augmente l'excrétion d'urine et diminue généralement la rétention d'eau.

Enzymes
Substances protéiniques provenant de la paroi cellulaire des végétaux. Leur digestion, quasi nulle dans l'intestin grêle, se fait dans le côlon sous l'action des bactéries. Elles sont nécessaires à une bonne digestion. Les fibres insolubles augmentent la masse des selles, aidant à prévenir la constipation. Les fibres solubles contribuent à réduire le taux de cholestérol dans le sang et à éliminer les toxines et les hormones en excès.

Excitants
Substances, telles que la caféine contenue dans le café, le thé, le cacao ou les colas, qui stimulent la production d'adrénaline. Dans des circonstances normales, la libération d'adrénaline aide l'organisme à répondre à une situation en provoquant, entre autres, une accélération du rythme cardiaque. Si elle est excessive du fait de la consommation de stimulants, elle peut provoquer de la fatigue et une augmentation anormale de la glycémie.

Gliadine
Protéine constitutive du gluten, dont l'intolérance digestive est appelée la maladie coeliaque, ou maladie de Crohn.

Glucides complexes
Ou sucres complexes. Leur structure moléculaire complexe leur permet de se dégrader lentement et de ralentir la digestion. Ce sont l'amidon et les fibres. Terme employé pour désigner les aliments qui en contiennent.

Glucides simples, ou sucres simples
Leur structure moléculaire simple conduit à leur décomposition rapide en glucose et facilite leur absorption. Le fructose, le saccharose et le lactose en font partie. Terme employé pour désigner les aliments qui en contiennent.

Glucose
Sucre simple (monosaccharide) présent dans divers aliments, par exemple dans certains fruits, constituant la source d'énergie principale de l'organisme. Lors de la digestion, il est produit par la transformation des glucides. Pour pouvoir l'utiliser, les cellules ont besoin d'insuline.

Gluten
Partie protéinique et visqueuse de la farine de blé, de seigle, d'orge et d'avoine. Elle comprend de la gliadine.

Glycémie
Taux de glucose du sang.

Gras essentiels
Ou poly-insaturés. Indispensables à l'organisme, ils doivent provenir de l'alimentation car celui-ci n'en produit pas. Ils se divisent en oméga-3, présents dans les poissons gras tels que le maquereau, le saumon, le hareng, le thon, la sardine ainsi que dans les graines de lin et de chanvre et oméga-6, contenus dans la plupart des fruits à écale et des graines (hormis les cacahuètes).

Gras saturés
Généralement solides à température ambiante, ils sont présents dans la viande et les produits laitiers. L'huile de coco, de palme et de coprah sont les seules huiles végétales riches en gras saturés. Ils élèvent le taux de mauvais cholestérol dans le sang.

Indice glycémique des aliments

Mesure la vitesse et l'augmentation de la glycémie 2 ou 3 heures après la prise d'un repas. Les aliments sont classés suivant une échelle allant de 1 à 100 selon la vitesse à laquelle ils se transforment pendant la digestion. Ceux qui se transforment vite, provoquant une forte et rapide augmentation de la glycémie, ont un IG élevé (70 et plus). Ceux qui se transforment lentement, permettant une libération graduelle du glucose dans le sang, ont un IG plus faible (moins de 55).

Insuline

Hormone sécrétée par le pancréas facilitant la pénétration du glucose dans les tissus où il est transformé en énergie. Elle permet aussi le stockage du glucose en excès, sous forme de glycogène dans le foie et les muscles ou sous forme de graisses dans les tissus adipeux.

Levure

Champignon unicellulaire employé dans la fabrication de la bière, du vin ou du pain. Une fois dans l'organisme, certaines levures deviennent pathogènes et peuvent provoquer des infections à la muqueuse buccale, vaginale ou auriculaire (par exemple, Candida albicans, responsable du muguet). Trop de sucre, d'alcool, de stress ou d'antibiotiques peuvent être à l'origine de leur prolifération.

Métabolisme

Ensemble des réactions chimiques de transformation de matière et d'énergie qui s'accomplissent dans tous les tissus de l'organisme vivant.

Minéraux

Substances, telles que le calcium, le magnésium ou le fer, présentes dans la nourriture et nécessaires au bon fonctionnement de l'organisme. Un régime alimentaire santé et équilibré contient tous les minéraux dont le corps a besoin.

Mitochondries

Présentes dans le cytoplasme de chaque cellule, elles synthétisent l'adénosine triphosphate (ATP), source d'énergie pour les êtres vivants.

Nutriments

Substances vitales nécessaires à la survie de l'organisme.

Ostéoporose

Raréfaction du tissu osseux qui fragilise les os et les expose à des fractures. Le calcium est indispensable à la santé du squelette.

Parasite

Organisme vivant dans un autre organisme, appelé hôte, dont il se nourrit. La giardia en est un exemple, elle vit dans les intestins.

Pathogène

Qui peut causer une maladie.

Point d'équilibre du métabolisme

Mesure les besoins en énergie nécessaires pour maintenir le processus vital quand le corps est au repos.

Produits biologiques

Produits issus de méthodes agricoles évitant ou excluant l'usage des pesticides, des engrais chimiques, des OGM, des régulateurs de croissance et des additifs aux aliments du bétail. Ils doivent porter un symbole ou un numéro de certification sur leur emballage. Dans plusieurs pays, ils sont homologués «certifié biologique».

Protéines

Macromolécules constituées d'une très longue chaîne d'acides aminés composée de carbone, d'hydrogène, d'azote et parfois de soufre, se décomposant lors de la digestion pour fournir de l'énergie. Essentielles au fonctionnement des organismes vivants, elles servent à la croissance et à l'entretien des cellules. Elles sont présentes dans certains aliments comme la viande, le poisson ou les fruits à écale. Terme aussi employé pour désigner ces aliments.

Radicaux libres

Molécules à courte durée de vie, dérivées de réactions chimiques, contenant au moins un électron libre. Elles ont tendance à former des liaisons avec des électrons libres de molécules de cellules voisines qu'elles oxydent, entraînant leur mort et la détérioration des tissus. Cette dégénérescence serait à l'origine du vieillissement et des maladies d'Alzheimer et de Parkinson, de l'arthrite, du cancer, etc. Le stress, la pollution, un régime alimentaire mal équilibré, des expositions trop importantes au soleil, la cigarette, les radiations et un mauvais état de santé entraînent la formation des radicaux libres.

Salive

Liquide alcalin, présent dans la bouche, sécrété par les glandes salivaires. Elle lubrifie la nourriture, facilitant la mastication et la déglutition. Les enzymes qu'elle contient facilitent la décomposition de l'amidon. Elle a aussi des propriétés antibactériennes.

Syndrome de l'intestin irritable (SII)

Se manifeste par une perturbation des contractions naturelles des muscles des intestins. Il touche tant l'intestin grêle que le côlon. Diarrhées, constipations intermittentes, crampes abdominales et ballonnements constituent ses principaux symptômes.

Villosités

Petites saillies filiformes tapissant la paroi de l'intestin grêle. Leur présence augmentant la surface de celui-ci, elles permettent aux nutriments d'être mieux absorbés dans la circulation sanguine.

Vitamines

Substances organiques, entrant dans notre alimentation en très faible quantité, indispensables à notre organisme. Il existe 13 vitamines. À l'exception de la vitamine D et de la niacine, elles ne peuvent être fabriqués par l'organisme et doivent provenir des aliments. Un régime varié fournit une quantité adéquate de toutes les vitamines.

Adresses et sites Internet utiles

ACTIVITÉ PHYSIQUE

Bienfaits de l'exercice physique
L'unité de l'activité physique
Édifice Jeanne Mance, 7ᵉ étage
Localisateur d'adresse #1907C1
Pré Tunney
Ottawa, (Ontario)
K1A 0K9
Canada
http://www.hc-sc.gc.ca/hppb/condition-physique

L'Association canadienne pour la santé, l'éducation physique, le loisir et la danse
403-2197 promenade Riverside
Ottawa, (Ontario)
K1H 7X3
Canada
Tél. : (613) 523-1348
        1-800-663-8708
Téléc. : (613) 523-1206
Courriel : info@cahperd.ca
http://www.cahperd.ca

AGRICULTURE PÊCHERIES ET ALIMENTATION

Agriculture, Pêcheries et Alimentation
200, chemin Sainte-Foy
Québec, (Québec)
G1R 4X6
Canada
Tél. : (418) 380-2110
        1-888-222- 6272
http://www.agr.gouv.qc.ca/

ALLERGIES ET INTOLÉRANCES ALIMENTAIRES

Société canadienne d'allergie et d'immunologie clinique
774 Echo Dr.
Ottawa, (Ontario)
K1S 5N8
Canada
Tél. : (613) 730-6272
Téléc. : (613) 730-1116
http://csaci.medical.org/

CANCER

Institut national du Cancer
10 Alcorn Avenue, Suite 200
Toronto, (Ontario)
M4V 3B1
Canada
Tél. : (416) 961-7223
Téléc. : (416) 961-4189
http://www.ncic.cancer.ca

Société Canadienne du Cancer
5151, boul. de l'Assomption
Montréal, (Québec)
H1T 4A9
Canada
Tél. : (514) 255-5151
Téléc. : (514) 255-2808
http://129.33.170.32/ccs/internet/cancer/
0,,3172___langId-fr,00.html

DIABÈTE

Diabète Québec
8550 boul. Pie-IX, bureau 300
Montréal, (Québec)
H1Z 4G2
Canada
Tél. : (514) 259-3422
        1-800-361-3504
http://www.diabete.qc.ca

MALADIES CARDIO-VASCULAIRES

Fondation des maladies du coeur du Québec
1434, rue Sainte-Catherine Ouest, bureau 500
Montréal, (Québec)
H3G 1R4
Canada
Tél. : (514) 871-1551
        1-800-567-8563
Téléc. : (514) 871-9385

La Fondation des maladies du coeur du Canada
222 Queen Street, Suite 1402
Ottawa, (Ontario)
K1P 5V9
Canada
Tél. : (613) 569-4361
Téléc. : (613) 569-3278
http://ww2.fmcoeur.ca/

MALADIES GASTRIQUES

Réseau Proteus portail santé
Informations sur le syndrome de l'intestin irritable, la colite ulcéreuse, la maladie de Crohn, le cancer colorectal
http://www.reseauproteus.net/1000maux/
s/syncolonirrit.htm

Fondation québécoise de la Maladie Cœliaque
4837, rue Boyer, bureau 230
Montréal (Québec)
H2J 3E6
Canada
Tél. : (514) 529-8806
http://www.fqmc.org

NUTRITION

The Food Doctor
76-78 Holland Park Avenue
London W113RB
Angleterre
Tél.: 01144-800-093-5877
www.thefooddoctor.com

Institut national de la nutrition (canadien)
408 rue Queen, 3ᵉ étage
Ottawa, (Ontario)
K1S 2E1
Canada
Tél.: (613) 235-3355
Téléc.: (613) 235-7032
nin@nin.ca
http://www.nin.ca/

Les diététistes du Canada (bilingue français-anglais)
Central information
Dietitians of Canada
480 University Avenue, Suite 604
Toronto, (Ontario)
Canada
M5G 1V2
Tél.: (416) 596-0857
Téléc.: (416) 596-0603
http://www.dietitians.ca/

OBÉSITÉ

Site francophone de l'obésité
http://www.Obesite.com

Collectif action alternative en obésité
7378 rue Lajeunesse, bureau 315,
Montréal, (Québec)
H2R 2H8
Canada
Tél.: (514) 270-3779
Téléc.: (514) 270-3779
http://www.caao.qc.ca/

OSTÉOPOROSE

Ostéoporose Québec
Tél.: (514) 369-7845
      1-877-369-7845
http://www.osteoporose.qc.ca

SANTÉ PUBLIQUE

Institut national de santé publique
945, avenue Wolfe
Sainte-Foy, (Québec)
G1V 5B3
Canada
http://www.inspq.qc.ca/

Index

Un mot sur l'auteur

Ian Marber,
MBANT, Dip ION

Consultant en nutrition, auteur, journaliste en santé de la presse écrite et parlée

Ian est diplômé de l'*Institute for Optimum Nutrition* de Londres et dirige présentement la *Food Doctor Clinic* à Notting Hill, Londres. Il contribue régulièrement à la presse : *Marie Claire, Eve, Attitude, The Times, Evening Standard* et *ES*, en plus de collaborer en tant que rédacteur et conseiller à *Healthy* et *Here's Health*, deux des plus importants magazines de santé britanniques. L'auteur est un hôte prisé des émissions de télévision (BBC, Channel 4, ITN News et GMTV) et de radio. Il a également produit une série de 15 épisodes pour la chaîne Discovery Health.

Dans la vingtaine, une intolérance alimentaire non diagnostiquée le pousse à s'intéresser à la nutrition. Plus tard, il apprend qu'il est atteint de la maladie de Crohn, une intolérance au gluten. Il est aujourd'hui un expert reconnu dans le domaine de la nutrition et du système digestif, et sa clinique est recommandée par nombre de médecins traitants et de gastro-entérologues.

Ian prend en compte tous les aspects de la nutrition et en particulier l'impact d'une bonne alimentation sur la santé. Ses clients apprécient les conseils très motivants, positifs et pratiques qu'il leur prodigue, et ils estiment que cela améliore grandement leur bien-être.

Son premier livre, *The Food Doctor - Healing Foods for Mind and Body*, écrit en collaboration avec Vicki Edgson en 1999, a été vendu à plus de 500 000 exemplaires et traduit en neuf langues. Le *Food Doctor in the City*, publié en 2000, vous démontre comment rester en santé dans un environnement urbain. Il sera suivi en 2001 par *In Bed with the Food Doctor* qui traite de l'amélioration de la libido et du sommeil grâce à la nutrition.

En 2003, 7 jours pour maigrir devint un best-seller instantané. Mis à l'épreuve à l'émission Richard and Judy de Channel 4 par trois bénévoles, chacun d'entre eux a perdu une taille de vêtement en seulement trois semaines. Le programme *7 jours pour maigrir* a été reconnu comme étant une approche sensée et saine à la perte de poids, en plus de bien fonctionner à court et à long terme.

Remerciements

Je tiens à remercier tous les membres de DK pour leur enthousiasme, leur soutien et les bons repas, et tout particulièrement MC, Stephanie, Jenny, Catherine, Hermione et Antonia.

Mes remerciements les plus sincères vont à ma famille chérie et à mes formidables amis, ainsi qu'à tout le personnel de la clinique, et tout particulièrement à ceux qui ont pris le temps de me faire part de leurs succès après avoir lu et mis en pratique les principes du régime du Docteur Nutrition.

L'éditeur tient à remercier Zoe Moore pour ses qualités éditoriales et Hilary Bird pour l'index.

La société du *Food Doctor*

Suite au succès de leur premier livre, *The Food Doctor – Healing Foods for Mind and Body*, Ian Marber et Vicki Edgson ont fondé la société *The Food Doctor* en 1999.

La société propose maintenant tout un éventail de renseignements et de services liés à la nutrition, en plus d'une clinique au centre-ville de Londres et d'un réseau de nutritionnistes qui opèrent partout au Royaume-Uni. Le Docteur Nutrition propose des consultations individuelles, des ateliers et des conférences sur la perte de poids, la

nutrition chez les enfants, la bonne santé du système digestif et la gestion du stress. La société travaille également avec plusieurs grandes entreprises afin d'améliorer la santé et le bien-être de leurs employés et sert de conseil aux traiteurs qui cherchent à proposer un bon choix d'aliments santé.

Le Docteur Nutrition a mis au point sa propre gamme de produits santé pour les repas et les en-cas qui s'intègrent tous parfaitement bien à l'esprit du régime du Docteur Nutrition pour une alimentation saine et équilibrée.